Somos UNO

EL PROPÓSITO DE DIOS PARA TU MATRIMONIO

JIMMY y AÍDA CORNEJO

WHITAKER HOUSE
Español

Editado por: Ofelia Pérez

Somos uno

El propósito de Dios para tu matrimonio
(Nueva versión actualizada)

ISBN: 978-1-64123-984-4
Impreso en Colombia

Whitaker House
1030 Hunt Valley Circle
New Kensington, PA 15068
www.whitakerhouseespanol.com

Por favor envíe sugerencias sobre este libro a: comentarios@whitakerhouse.com.

1 2 3 4 5 6 7 8 9 10 11 ꟽ 30 29 28 27 26 25 24 23

DEDICATORIA

Anhelamos dar esperanza a los matrimonios que creen que todo se ha terminado y que no tienen futuro. Por ello, este libro está dedicado a los matrimonios que han tomado la decisión de seguir luchando por su familia.

¡No se detengan! Este libro es para ustedes, y para toda aquella generación de niños y jóvenes a quienes se les está enseñando un concepto diferente de lo que es la familia.

A nuestros hijos e hijas y a los nietos y nietas también dedicamos esta obra, para que puedan descubrir las verdades de la Palabra de Dios y sepan que, a pesar de las dificultades, se puede construir una familia que permanezca.

AGRADECIMIENTO

Solo Dios pudo transformar este matrimonio. Es por eso nuestra gratitud a Aquel que puede hacer todas las cosas nuevas.

¡Gracias, Dios, por lo que has hecho con nuestra familia!

CONTENIDO

PRÓLOGO

El matrimonio es la base de la sociedad, el cimiento de la cultura y el núcleo de las familias y de las civilizaciones. Las estadísticas dicen que entre el 80 y el 95% de la gente se casará al menos una vez en su vida. Sin embargo, el matrimonio es con frecuencia incomprendido. En nuestro mundo de alquileres mes a mes, cláusulas de rescisión y letras pequeñas se nos dice que el matrimonio es solo otro contrato más. "Si te casas y no te gusta, siempre hay una salida fácil", dicen.

Pero el matrimonio es mucho más que un contrato; mucho más que solo "un pedazo de papel". El matrimonio ha sido diseñado por Dios para ser una relación de toda la vida y aún más, pues dejará un legado. Dios celebra los matrimonios, se regocija en ellos. Él quiere que las parejas casadas experimenten abundancia, plenitud, entusiasmo y vitalidad. Pero eso no ocurre por arte de magia.

Los matrimonios (los grandes matrimonios) entienden la realidad de que ese vínculo requiere esfuerzo. No hay vía rápida para crear un matrimonio que deje un legado. No hay solución instantánea para tener una relación que impacte a su alrededor.

No obstante, en muchos matrimonios los sentimientos lo dictan todo. "Si lo sientes, hazlo". Pero los sentimientos son variables. Un minuto estás animado; y al minuto siguiente estás desanimado. Por eso, el matrimonio no puede basarse en algo que fluctúa tan fácilmente. No digo que no tengamos sentimientos dentro de nuestro matrimonio. Simplemente no podemos sostenerlo sobre las bases de esos sentimientos.

La verdad es que no siempre vas a saber cómo amar a tu cónyuge. No siempre vas a sentir perdonarlo. No siempre vas a estar listo sentir o querer trabajar un conflicto hasta resolverlo. Pero esas son exactamente las cosas que hacen que un matrimonio sea fuerte, saludable y perdurable: el amor, el perdón y la resolución de conflictos. El fundamento no puede estar en los sentimientos. El fundamento del matrimonio tiene que ser el *compromiso*. El matrimonio es convertirse en *una sola carne*. Es un proceso. Y ese proceso requiere compromiso. De hecho, el compromiso es uno de los aspectos más cruciales de cualquier relación, especialmente el matrimonio. Génesis 2:24 dice: *Por eso el hombre deja a su padre y a su madre, y se une a su mujer, y los dos se funden en un solo ser* (NVI).

El libro que tienes en tus manos ahora mismo te ayudará a entender ese proceso. Es sobre comprenderse, comunicarse y complementarse el uno al otro como esposo y esposa. Se trata de entender cómo el compromiso trabaja en tu matrimonio.

El matrimonio no es la cosa más fácil, pero es la cosa más grande, si estás dispuesto a trabajar. Tú tienes que tener una ética de trabajo matrimonial y un compromiso fuertes, tan solo para mantenerte casado.

Si sientes que tu matrimonio está colgando de un hilo, no te rindas. Si crees que a tu matrimonio le va muy bien, no te confíes demasiado; continúa trabajando por tu matrimonio. Esfuérzate cada día para acercarte más a Dios y acercarse más el uno al otro. Y dentro de unos años, podrás mirar atrás con tu cónyuge y decir con seguridad: ¡Somos uno!

Ed Young

Pastor, *Fellowship Church*

Autor de *Sexperimento y 50 sombras de ellos*

INTRODUCCIÓN

(AÍDA)

"¡Ustedes no pelean!". Cuando escuché esas palabras, me reí para mis adentros. Estaba almorzando sola, fuera de hora, como muchas veces. La familia ya había almorzado, y cuando Laura dijo esas palabras, mi mente voló hacia atrás. Habían pasado 29 años hasta ese momento, y aún nuestro matrimonio seguía fuerte; y ahora alguien nos dice que no peleamos, que nuestro matrimonio es un ejemplo... ¡cómo han cambiado las cosas! Me reí y recordé ¡cuánto camino hemos recorrido!

La verdad es que cuando nos casamos, Jimmy y yo pensamos que el amor era suficiente para sostener un matrimonio. Por supuesto que nuestros padres, hermanos y amigos no lo veían así. "Ese matrimonio no durará", "los dos son unos irresponsables", fueron los comentarios que oíamos, unas veces en susurros y otras en voz alta. Eran palabras dichas por madres, amigos, parientes, maestros. El nuestro era un matrimonio por el cual nadie daba dos centavos. Parecía no tener futuro alguno. Pero Dios tenía un plan sorprendente con nosotros y sus planes siempre son *"para lo bueno y no para lo malo, para darnos un futuro y una esperanza"* (Jeremías 29:11, NTV).

El 21 de marzo de 1980 estaba sentada en el carro al pie del Registro Civil, había pasado más de media hora; entonces mi papá decidió que debíamos volver a la casa. El novio no se había presentado. Cuando estábamos por arrancar, llegó él, atrasado y avergonzado. Luego a la catedral, a puerta cerrada celebramos el matrimonio por la iglesia; la ceremonia fue rápida y tensa, sin traje de novia, sin flores ni música. ¿Amigos? Muy poquitos, aquellos que venían a *solidarizarse* con nosotros.

Después una cena en la casa de mis padres... y de allí la noche de bodas. A la una de la mañana los amigos interrumpieron: "¡Hey, Jimmy, baja a tomar un trago!". Y él salió. A las siete, su primo vino para llevarlo al trabajo. ¿Lo pueden creer? Ni siquiera recuerdo a la hora que regresó. El primer día de casada y estaba sola.

Cuando nos casamos yo tenía 17 años y él 22. Yo estaba en el último año del colegio. Las monjas no me recibieron más porque era un colegio de "señoritas", así que terminé mis estudios en un colegio nocturno. Después nació Xavier, luego Rossana y más tarde Verónica. A mis 22 años tenía tres hijos, y aunque cada uno fue amado, ninguno fue planificado por nosotros. ¡Pero hoy entiendo que sí lo fueron por Dios! Sin embargo, en ese entonces no sabíamos que los niños que teníamos eran un encargo de Dios. La verdad es que los hijos eran míos, mi mayor alegría y, por supuesto, mi gran responsabilidad. Jimmy los gozaba, le gustaba jugar con ellos (cuando tenía tiempo), pero no asumió su responsabilidad de verdadero padre sino muchos años después. Mientras tanto, yo hacía lo posible.

Al inicio tampoco comprendimos que esposo y esposa eran responsables de satisfacer la necesidad de pertenencia del otro. En realidad, ni sabíamos que teníamos esa necesidad, entonces cada uno empezó a llenar su vida con cosas diferentes. Yo me enfoqué en los hijos; ellos me llenaban y eran todo mi mundo. Jimmy, en cambio, se refugió en sus amigos. Así, nuestra necesidad de pertenencia pretendía ser satisfecha por otras personas, que, si bien son importantes, nunca podían llenar completamente el vacío de nuestro interior.

La situación económica era muy difícil, no teníamos dinero para nada. Cuando nos casamos, alquilamos un departamento oscuro y húmedo, teníamos una cama prestada, dos tazas, dos platos, dos tenedores y dos cuchillos que nos prestaron. También teníamos una cocineta que me regaló mi abuelita. Comíamos en un pedazo cortado de un mesón de una pizzería que Jimmy tenía antes de casarnos, y nos sentábamos en dos banquitos de madera. La primera televisión que compramos fue una de segunda mano, cuando Xavier tenía ya un año. Recuerdo que cuando la prendimos, el niño salió corriendo, asustado.

Sufrimos muchas privaciones económicas. Cuando teníamos un poco menos de un año de casados, el hermano de mi esposo le pidió que llevara unos papeles a una oficina. Para que fuera, le prestó una pequeña camioneta marca Datsun, modelo 1200. Cuando terminó los trámites y salió a buscar el carro, no lo encontró, lo habían robado, y nosotros debíamos devolver el dinero. Puedo recordar esa noche como si fuera ayer: lloramos juntos y pensamos que no teníamos opciones. Mis papás me habían regalado un terreno, que vendimos para poder pagar ese carro. Mal comienzo ¿verdad? Poco después nos fuimos a vivir a Guayaquil. Nos habían ofrecido un trabajo, pero, ya allí, las cosas no eran como las imaginábamos.

Así pasaron muchos años de escasez. Hace pocos días Verónica recordaba que cuando íbamos de vacaciones a la playa (por supuesto, si nos prestaban una casa), ellos tenían derecho a un helado de "palito" al día. Debían escoger si lo tomaban en la mañana o en la tarde. Y como dije, ni se me ocurría que mis hijos eran de Dios, y que el más interesado en el bienestar de ellos era Él.

Al contrario, cuando alguien me dijo un día que yo debía "entregar mis hijos a Dios", me asusté. Un temor interno surgió en mi corazón. ¿Y si Dios me los quitaba? Creo que este es un temor de toda persona que no conoce el carácter de Dios y sus planes para nosotros. El desconocimiento de su amor da como resultado temor. Hoy entiendo que es Él quien los ama más; y yo debo cuidarlos de la mejor manera, porque no me pertenecen; ellos son del Señor.

Pienso que este matrimonio ha sido de todo, ¡menos aburrido! Hemos pasado tiempos buenos y tiempos malos. Por eso creemos que tenemos la autoridad moral para hablar sobre este tema. Si alguien me habla de los problemas económicos que está pasando como pareja, yo lo entiendo y sé que la tensión económica es una de las más fuertes en un matrimonio y que muchas parejas no la soportan; y es que no tener dinero para la leche, el arriendo, el pan o la escuela es muy difícil. ¡Yo lo sé porque he pasado por eso! Conozco la sensación de estar despierta a medianoche, mirando el techo, preguntándome cómo haremos para enfrentar al día siguiente, cómo pagar las deudas, cómo seguir viviendo.

Cuando las mujeres confiesan sus sentimientos de impotencia y soledad, yo lo comprendo. Durante años me ha embargado un sentimiento de soledad. La pregunta es: ¿cambiará él algún día? ¿Podrá llegar a ser el hombre que necesito o volverá a ser aquel de quien me enamoré?

Si piensas en alcoholismo, quiero contarte que hemos pasado por eso. ¿Sientes que la infidelidad ha destrozado tu vida y ya no queda nada más? Conozco ese sentimiento, ¡y quiero decirte que sí hay esperanza! ¿Estás luchando con la enfermedad de un hijo o una hija y no sabes cómo afrontarla? También conocimos ese dolor cuando nuestra hija, Rossana, de apenas dos años, tuvo que pasar por una operación a corazón abierto. ¿Su hijo se ha metido en problemas y eso es una carga para el matrimonio? Sé lo que se siente y la frustración que puede generar esa situación.

Si estás pensando que tu amor ha muerto y ya no sabes cómo amar a tu cónyuge, nosotros lo entendemos. Es más, te puedo decir que, en medio de este matrimonio, la mayoría del tiempo he sentido que no he podido amar con el amor de Dios. Y que no conseguiría satisfacer todas las necesidades de mi esposo jamás. Parecería que él tampoco me podía amar como yo necesitaba y que nunca lograría satisfacer mis necesidades. Y creo que ese es un sentimiento de muchas mujeres. Me preguntan: "¿Qué más puedo hacer para que este matrimonio funcione?". Que no te sorprenda si te digo que me he preguntado lo mismo mil veces.

Incluso en el Día de los Enamorados compré una tarjeta que resume este sentir. La tarjeta decía así: *Te he querido de mil maneras, y a veces no sé cómo quererte. Lo único que quiero es quererte más cada día.* Pero ¿cómo se hace eso en la práctica? No siempre la respuesta ha sido fácil de encontrar. Solo conociendo a Dios puedo conocer su amor. Y para regresar al plan de Dios, es necesario estudiar su Palabra.

> *En tus mandamientos meditaré; consideraré tus caminos. Me regocijaré en tus estatutos; no me olvidaré de tus palabras.* (Salmos 119:15–16)

Es allí donde encontramos la sabiduría y la fuerza para vivir esa vida de amor y bendición. La Biblia es el manual de vida. Fracasamos cuando no buscamos el consejo de Dios en cada situación, sobre todo en un tema tan importante como el de la familia, que nos puede llevar a ser las personas más felices o las más desdichadas sobre la tierra. Así que, aunque pienses que no tiene nada que ver lo uno con lo otro, leer la Biblia es una manera de pelear por tu matrimonio y tu familia. Al leer la Biblia encontrarás un sinnúmero de ejemplos del amor de Dios que puedes poner en práctica.

Cumplimos 42 años de casados. Faltaría tiempo y tinta para hablar con detalle de cada situación por la que hemos pasado; pero sí podemos decir que de todas ellas nos ha librado el Señor.

(JIMMY)

Dios nos ha dado una Palabra para los matrimonios de hoy: levántate y edifica familias, que permanezcan aún bajo ataque, y que sean un lugar seguro para los niños y los jóvenes; familias en las cuales las mujeres puedan florecer y los hombres encontrar su fuerza y masculinidad.

Este libro tiene como propósito mostrarte qué es lo que la Biblia dice del matrimonio, como base de la familia, y cómo aprender a vivir en armonía. Mucho de lo que aprenderás está basado en nuestra historia y el recorrido durante estos años de matrimonio. Verás cómo al conocer el propósito del Señor y las características de quienes conformamos la familia, aprendemos a relacionarnos de la mejor manera, valorando nuestras diferencias.

Yo no necesito ver grandes sanidades, ni liberaciones, ni cosas sobrenaturales. Ya las he visto; la transformación de nuestro matrimonio es una de ellas. Ahora tenemos siete nietos. Ellos están creciendo en una familia amante y estable. La diferencia es inmensa. Yo sí he visto grandes milagros; este matrimonio es uno de ellos. Nuestra familia es un milagro.

1

EL PROPÓSITO DEL MATRIMONIO

Somos "superhéroes", ¿qué puede salir mal? Esta pregunta la hace *Mr. Increíble* a *Elastigirl,* su esposa, el día de la boda dentro de la película *Los Increíbles*. Es el mismo pensamiento que tiene la mayoría de las parejas enamoradas: "Si nos amamos, ¿qué puede ir mal en nuestro matrimonio?". Entonces se casan, basados en sus "dones personales", esperando que las tormentas nunca lleguen y que todo vaya bien.

Las estadísticas señalan que el 47% de los matrimonios terminan en divorcio en los Estados Unidos, y el 65% de aquellos que se han casado en segundas nupcias terminan igual.[1] En el Ecuador, 3 de cada 4 mujeres sufre algún tipo de abuso en su hogar; 6 de cada 10 niñas y 3 de cada 10 varones serán abusados sexualmente, la mayoría de las veces por un miembro de su misma familia.[2] Las familias fuertes y estables que otorgan protección y seguridad para todos quienes están dentro de ellas, están en peligro de extinción, porque el matrimonio también lo está.

No cabe duda de que el matrimonio y la familia planificada por Dios están bajo ataque. Las familias, que deberían ser un muro de protección, están siendo derribadas, y los niños son cada vez más vulnerables. Los jóvenes caen presos en mil ataduras, atacados y atrapados porque no tienen el resguardo de una familia segura. La mayoría de ellos son criados por la televisión, el internet, las redes sociales y quién sabe qué otras alternativas el día de hoy, pero menos por sus padres. En muchos hogares, niños y jóvenes son considerados un estorbo. Tanto es así que cuando no es conveniente tenerlos, el aborto es la primera opción.

El rechazo genera violencia, y tanto niños como jóvenes sienten el rechazo de sus padres. ¿Cómo no sorprendernos de la cosecha de violencia que tenemos en la generación actual? Nos entristece que los jóvenes no quieran casarse; pero que sí mantengan una vida sexualmente activa. La verdad es que, junto con el rechazo, reciben una inmensa cantidad de propaganda por todos los medios, incluidas las lecciones en su propio hogar, que les muestran que el sexo es agradable y el compromiso es negativo.

La separación, la violencia, el maltrato y el abandono son situaciones que se viven todos los días. ¿Cómo protegeremos a la generación que viene detrás? En algunos casos, el ataque se da a través de una propaganda muy sutil e indirecta. Desde hace ya muchos años en los dibujos animados, por ejemplo, se crearon familias de tíos y sobrinos, como el ratón *Mickey* y sus sobrinos; o el pato *Donald* y sus sobrinos. En esas familias no había una figura paterna ni materna. Cada uno de estos personajes tiene una novia eterna, con la cual nunca sellan un compromiso de amor perpetuo. Otros programas, como *Los Simpson*, se burlan de la familia tradicional, y forjan una imagen negativa entre los jóvenes que induce a la falta de respeto de los valores cristianos como la honra a los padres o el cuidado mutuo en la pareja. Sin embargo, hace unos años, según la cadena de televisión CNN, *Homero Simpson* fue declarado el "padre del año". Y qué decir de las actuales series para niños y jóvenes que les ofrecen una familia "alternativa" como la mejor opción.

En otros casos, el ataque es fuerte y frontal, como el de grupos LGBTQ+. La amenaza hecha mediante una declaración enviada al Congreso de los Estados Unidos por un grupo homosexual hace más de 30 años, se ha cumplido más allá de toda expectativa: "Vamos a sodomizar a sus hijos, símbolo de su débil masculinidad, de sus pobres sueños y de sus mentiras vulgares. Los vamos a seducir en sus escuelas, en sus dormitorios, en sus gimnasios, en sus cuartos de baño, en sus estadios, en sus seminarios, en sus grupos de jóvenes... la unidad familiar, siembra de mentiras, traiciones, mediocridad, hipocresía y violencia será abolida... todas las iglesias que nos condenen serán cerradas. Nuestros únicos dioses serán los jóvenes de buen parecer".[3]

El plan de Dios difiere mucho de esa falsificación de la familia que nos vende el mundo. La familia es la mayor riqueza que tenemos. Nuestras alegrías más grandes, así como las penas más profundas, tienen que ver con lo que está sucediendo en nuestra vida familiar.

La familia está enfrentando una de las más cruentas y universales de las guerras. Mucho más grave que todas las que vemos en las noticias. Y aunque no ha explotado la bomba atómica y ningún otro avión se ha estrellado contra otras torres gemelas, sabemos la gravedad de esta guerra porque vemos los resultados de ella. Una guerra trae muerte, dolor, pobreza, violencia. Una guerra genera víctimas inocentes, una guerra divide personas... ¿No es eso lo que cada día observamos? Si abres tus ojos, verás lo que hemos descrito: familias divididas, dolor, muerte, violencia y víctimas. Enfócate por un momento en las víctimas; están en todos lados, abusadas y maltratadas, vendidas al mejor postor. La maldad ha llegado a extremos inconcebibles. Ya no se considera sagrada la institución del matrimonio. Cada vez es más frecuente que se le mire como un contrato entre dos personas que miden todo con base en sus propios intereses. Cuando sienten que se afectan esos "intereses" por cualquier razón, siempre tienen la alternativa de un "divorcio sin culpa", solo para luego intentar otro matrimonio con una nueva pareja o simplemente vivir juntos.

Se desprecia a las mujeres que se dedican a criar a sus hijos o que siguen casadas con un solo hombre; y aun cuando su matrimonio sea saludable, a menudo se ve al hombre casado como un ser "infeliz", privado de su libertad, y a la mujer como víctima de la opresión, presuponiéndose que necesita ser "rescatada" del dominio de su esposo. Tampoco se aprecia a los hijos como algo de valor.

No debe sorprendernos, entonces, que tantas personas en esta época hayan perdido la esperanza y la ilusión de encontrar un amor perdurable. La desesperanza hace que se llegue a considerar la vida como algo sin valor, que no vale la pena ser vivida. La situación de nuestro mundo no es tan diferente de la que vivió Nehemías. Los muros que simbolizaban la protección y el resguardo de la ciudad, de los niños, de las familias, estaban destruidos. Los enemigos atacaban con facilidad y podían saquear, matar y destruir. *Y observé los muros de Jerusalén que estaban derribados* (Nehemías 2:13). Las familias son esos muros de protección, pero hoy, están derribados. Hombres, mujeres, jóvenes y niños son presas del enemigo, atacados y atrapados, pues no tienen el resguardo de una familia segura. La separación, la violencia, el maltrato, el abandono son situaciones que se viven todos los días. Entonces se levanta Nehemías, como líder espiritual del pueblo y lanza un desafío:

> *Entonces por las partes bajas del lugar, detrás del muro, y en los sitios abiertos, puse al pueblo por familias, con sus espadas, con sus lanzas y con sus arcos. Después miré, y me levanté y dije a los nobles y a los oficiales, y al resto del pueblo: No temáis delante de ellos; acordaos del Señor, grande y temible, y pelead por vuestros hermanos, por vuestros hijos y por vuestras hijas, por vuestras mujeres y por vuestras casas.* (Nehemías 4:13–14)

La única respuesta posible es la de pelear por la familia, por los hijos y nietos, por las generaciones que vendrán. Para lograrlo, es necesario que cada miembro de la familia madure y acepte su propia responsabilidad. La madurez, dice el Dr.

Ed Cole, "no viene con los años, sino con la aceptación de responsabilidades".[4]

Esa es la Palabra que Dios nos ha dado para la familia de hoy: levántate y edifica una familia increíble, una familia de impacto, que permanezca a pesar de las tormentas, que pueda ser un lugar seguro para los niños, para los jóvenes, un lugar en el que las mujeres puedan florecer y los hombres madurar, realizar sus sueños y crecer hasta la estatura de Cristo. Y para edificar este tipo de familia, debemos comenzar con el matrimonio.

Hay una gran discusión sobre la definición de familia y matrimonio en estos momentos, pero el concepto bíblico es claro. El matrimonio es un pacto entre dos personas de diferente sexo, teniendo a Dios, a su familia y amigos como testigos. Muy pocos son conscientes de esto a la hora de casarse. Pero la verdad es que el pacto matrimonial es la base para la relación de una pareja, y llegar a ser un solo cuerpo es resultado de este pacto. Y esa idea del matrimonio y la familia surge del mismo Dios, quien jamás ha creado algo sin un propósito. Proverbios 16:4 dice: *Toda obra del Señor tiene un propósito* (NVI). Toda planta tiene un propósito, todo animal tiene un propósito, toda roca tiene un propósito. Todo lo que Dios creó fue bueno, y sus planes para nosotros son siempre de bien. Uno de esos planes era que el ser humano habitara en familia.

> *Porque yo sé los pensamientos que tengo para vosotros, dice Jehová, pensamientos de paz y no de mal, para daros el fin que esperáis.* (Jeremías 29:11)

El matrimonio tiene un propósito. La mayoría no lo ha encontrado. Por eso se vive en modalidad "supervivencia" y las circunstancias sobrepasan a las parejas. Hombres y mujeres tienen un empleo, un sueldo, una familia, y viven para distraerse el fin de semana de todos los problemas, sin enfrentarlos. Cuando lo piensas, es realmente sorprendente saber cuánta gente simplemente pasa por la vida, se casa por la presión de la sociedad o por el deseo de ser feliz, y nunca descubre la verdadera razón de ser del matrimonio. Es gente que se mantiene ocupada trabajando, criando hijos, pagando cuentas, esperando que llegue el fin de semana, y luego deja esta vida sin nunca vivir la plenitud que Dios soñó para sus hijos.

Muchos dejan que el horóscopo, los consejos de internet, las redes sociales, sus vecinos o cualquier otra cosa dirija su vida, sus matrimonios y sus destinos. Pero Jesús vino para que tengamos una "*vida en abundancia*" (Juan 10:10); no solo para que sobrevivamos. Dios quiere más que la supervivencia, más que lo suficiente. Él quiere darte un matrimonio y una familia que cumpla con sus propósitos iniciales. Su plan desde el principio fue este. Dios creó la tierra, lo hace todo maravilloso para que el ser humano disfrute de la creación. El Señor ya lo había planificado todo con anterioridad. El diseño ya estaba completo en el cielo antes de que fuese plantado en la tierra. Cuando los planos estaban listos, por medio de su palabra, todas las cosas fueron apareciendo en la tierra. Primero se hizo la luz. Luego se separó el cielo de la tierra. Su palabra fijó el límite de los mares y colocó las lumbreras en los cielos. Es la misma palabra la que sostiene toda la naturaleza por medio de su poder.

Después surgieron la hierba, los animales del mar y luego los de la tierra. La creación iba en progreso. Cada día, Dios hacía cosas más espectaculares y complejas. Dios creó un mundo maravilloso. Plantó en él un huerto para poner allí a su obra maestra: el ser humano. Entonces, el Señor no emite únicamente una palabra. Él hace con sus manos, del barro de la tierra, su obra maestra: el hombre. Dios mismo lo forma y sopla en él su aliento de vida. Y por fin llega el momento cuando el Señor separa en dos el ser humano perfecto que había creado: hombre y mujer. Solo entonces su trabajo concluye. La mujer es la culminación, la corona de la creación.

Dios miró la obra de sus manos y vio que era *"bueno en gran manera"* (Génesis 1:31). Presenta a la mujer al hombre y le da las primeras instrucciones sobre cómo esa pareja debe funcionar. Génesis 1:27–28 nos aclara que Dios los bendice, es decir, los casa. Tal como estaba pensado y planificado desde la eternidad. Las normas de interpretación bíblica nos dicen que cuanto más pronto es revelado un principio, más importante es. El matrimonio fue la primera institución creada por Dios. Eso debe decirnos cuánta importancia Él le da. La familia es la primera institución creada por Dios con el propósito de satisfacer las necesidades básicas del ser humano. Y a través de todas las Escrituras podemos ver su desarrollo y su definición. Entonces, familia, según la Biblia, son personas unidas por un lazo de sangre, y no solamente un vínculo de amistad.

Estudios reales muestran que un matrimonio feliz tiene muchas ventajas.[5] Para empezar, el matrimonio alarga años a nuestra vida, pues las personas casadas viven más años que las que no lo están y disfrutan de mejor salud que las divorciadas, según los últimos estudios. Estos estudios no hacen sino confirmar algo que Dios ya nos dijo hace miles de años: *No es bueno que el hombre esté solo* (Génesis 2:18).

Un matrimonio feliz nos hace más sanos, en cambio, un matrimonio infeliz o la soledad genera mayores probabilidades de enfermarnos y aun acorta los días de vida. Parte de la respuesta a esto es que en un matrimonio problemático sufrimos de mayor estrés físico y emocional. Esto supone un desgaste extra para el cuerpo.

LOS PROPÓSITOS ORIGINALES DEL MATRIMONIO Y LA FAMILIA

Revisemos los propósitos específicos según nos lo revela Dios.

1. SATISFACER LA NECESIDAD DE PERTENENCIA DE CADA PERSONA

Es por medio del matrimonio que encontramos respuesta a la necesidad de pertenencia que todos tenemos. Además de las famosas preguntas existenciales, *¿de dónde vengo?* y *¿a dónde voy?*, cada persona en la tierra se hace estas preguntas: *¿Mi vida les importa a otros? ¿Soy importante para alguien?* Si bien Dios responde mostrándonos su amor por medio de Jesucristo, también necesitamos encontrar esa respuesta en alguien de carne y hueso. ¿Quién nos dará una contestación? Pues nuestro cónyuge en primer lugar.

Adán se acercó mucho a la perfección. En el huerto del Edén tenía todo lo que se pudiera necesitar para ser feliz, poseía bienes materiales, tenía dominio sobre los animales, tenía una posición envidiable, fue exaltado delante de toda la creación. Era el jefe. También tenía una correcta relación con Dios y no era suficiente; algo le hacía falta.

> *Luego Dios el Señor dijo: "No es bueno que el hombre esté solo. Voy a hacerle una ayuda adecuada".*
> (Génesis 2:18, NVI)

La necesidad de pertenencia no es sino un reflejo del carácter de Dios; un Dios que anhela amar y ser amado. Toda la Biblia revela el deseo de Dios de tener intimidad con su creación.

> *Dios decidió de antemano adoptarnos como miembros de su familia al acercarnos a sí mismo por medio de Jesucristo. Eso es precisamente lo que él quería hacer, y le dio gran gusto hacerlo.* (Efesios 1:5, NTV)

Dios es un ser que ama las relaciones. De hecho, fue por ese íntimo deseo que Dios creó al ser humano como un objeto de su amor. Si el ser humano habría de reflejar la imagen de Dios, que es amor, necesitaba también un ser al cual amar, con el cual pudiera desarrollar una relación de intimidad. Dios quería una familia; parte de nuestra semejanza a Él es nuestro deseo de pertenencia. Él mismo lo puso allí y buscó la manera de suplir esa necesidad. Todos queremos sentirnos importantes para alguien.

Esto nos muestra que, aunque tengamos bienes materiales, una buena posición, éxito, poder, un "nombre" en la sociedad, y aún si estamos en paz con Dios, algo nos hace falta.

A veces lo espiritualizamos todo y creemos que teniendo a Dios es suficiente, y en cierto sentido es así, pero Dios tiene un plan mejor. Él dice *"no es bueno que el hombre esté solo"*. Dios unió a Adán y a Eva para sanar su soledad y librarlos de su egoísmo. El Señor tiene el mismo plan para todos los hombres y todas las mujeres que se unen en matrimonio. Es por esta necesidad que las personas se integran en grupos, clubes y pandillas, que pretenden suplir sus necesidades sin comprender el plan de Dios.

Hay personas que dirán que vivir juntos es suficiente, sin embargo, creemos que el compromiso es uno de los requisitos indispensables para satisfacer la necesidad de pertenencia.

2. MADURAR

Dios desea que maduremos; esta es una de las razones por las cuales nacemos en una familia. El matrimonio es un proceso mediante el cual dos personas se hacen una, y en ese proceso nuestro carácter debe ser forjado. También es una de las razones por las cuales el Señor instauró la Iglesia, que es la familia de la fe, aquella que perdurará por la eternidad.

¡Comprender este principio fue una revelación! Como la mayoría de las personas, pensamos que nos casamos para ser felices. He escuchado a gente "muy espiritual" decir que se casa para hacer feliz al cónyuge; y aunque eso suena muy bonito, el matrimonio tiene una razón más profunda para existir: ayudarnos a madurar.

El matrimonio no es la meta más alta de la vida. Reflejar la imagen de Dios, sí. Y no hay manera más brillante de ver su imagen que a través del amor, primero hacia Él y luego hacia nuestra familia. La meta es crecer, y para ello ¿quién mejor que nuestro cónyuge para confrontarnos y ayudarnos? ¿Quiénes mejor que los hijos para sacar lo mejor de nuestro interior? ¿Dónde podremos practicar el perdón más que en el matrimonio? ¿Y el desprendimiento y la renuncia? ¿Dónde podemos ver el significado de compromiso y amor incondicional? ¡Siempre en la familia!

Así que aprenda a dar gracias a Dios cuando su cónyuge o sus hijos le confronten con cosas de su carácter que no agradan a Dios. *Hierro con hierro se aguza, y así el hombre aguza el rostro de su amigo,* dice en Proverbios 27:17. Puede sentir que a veces su esposo o su esposa es una lija, un martillo o un cincel, pero no olvide nunca que ambos están en las mismas manos: las del Creador.

En un verdadero matrimonio cristiano los cónyuges se ayudarán el uno al otro a crecer, y guiarán a sus hijos hacia Dios en primer lugar.

3. SER UNA DEFENSA CONTRA LA POBREZA Y LA AFLICCIÓN

Gózate con la mujer de tu juventud, recomienda la Palabra de Dios. El matrimonio está dispuesto para traer gozo y alegría a la vida del ser humano. Es la familia la red de sostén que nos ayuda cuando necesitamos consuelo en medio de la aflicción. El soporte en la debilidad nos provee el apoyo para levantarnos y seguir adelante a pesar de las dificultades de la vida.

> *Mejores son dos que uno; porque tienen mejor paga de su trabajo. Porque si cayeren, el uno levantará a su*

> *compañero; pero ¡ay del solo! que cuando cayere, no habrá segundo que lo levante. También si dos durmieren juntos, se calentarán mutuamente; mas ¿cómo se calentará uno solo? Y si alguno prevaleciere contra uno, dos le resistirán; y cordón de tres dobleces no se rompe pronto.*
>
> (Eclesiastés 4:9–12)

Tienen mejor paga por su trabajo. La unidad puede ayudar a suplir la necesidad económica de todos los miembros del núcleo familiar.

El uno apoyará a su compañero. Se dice que una alegría compartida se duplica y una pena compartida se divide. Solo cuando se comparte con otros las experiencias de la vida se puede disfrutarlas o soportarlas con el mayor beneficio. La aflicción compartida se hace más llevadera.

Se calentarán mutuamente. Una de las más grandes necesidades del ser humano es recibir aliento y afirmación de los demás. Todos tendemos a ser lo que las personas más importantes en nuestra vida esperan que seamos. El plan de Dios era que, en la familia, cada uno de sus miembros recibiera la valoración suficiente para crear en ellos una autoestima saludable.

Pueden resistir un ataque. Juntos podemos resistir los problemas de la vida; solos sucumbiremos ante la primera dificultad. La pareja debe ser una fuente de fortaleza y no de estrés o pérdida de energía.

La familia estable provee atención y cuidado a todos sus miembros, así como un sentimiento de realización personal. Dios la planificó de esa manera. ¿Quién debe ocuparse de los padres ancianos? Esa es una responsabilidad de la familia. Y no tiene únicamente que ver con la provisión económica. Se relaciona con gozo, con alegría, con paz.

> *Pero si alguna viuda tiene hijos, o nietos, aprendan estos primero a ser piadosos para con su propia familia, y a recompensar a sus padres, porque esto es lo bueno y agradable delante de Dios... porque si alguno no provee para los suyos, y mayormente para los de su casa, ha negado la fe, y es peor que un incrédulo.* (1 Timoteo 5:4–8)

¿Y quién está a cargo de los niños pequeños? Los padres. Si cada miembro de la familia cumpliera con el propósito original de Dios, no veríamos niños abandonados en la calle, ni ancianos solitarios sin recibir el amor que necesitan.

Es lamentable como en ocasiones aquellas mismas personas que son responsables de cuidar a los más vulnerables de la familia, son quienes los abusan y maltratan. Puede ser porque fueron víctimas ellas mismas, y también necesitan ser libres y aprender a vivir de una manera diferente. Por eso nos detenemos para analizar y aprender la manera de Dios.

4. LEVANTAR UNA DESCENDENCIA SANTA PARA DIOS

Dios estableció el matrimonio para que en su interior se desarrollara una descendencia para Él.

> *¿No hizo él uno, habiendo en él abundancia de espíritu? ¿Y por qué uno? Porque buscaba una descendencia para Dios. Guardaos, pues, en vuestro espíritu, y no seáis*

desleales para con la mujer de vuestra juventud.

(Malaquías 2:15)

Multiplicarse fue uno de los mandatos que Dios le dio a la pareja. Hoy ese mandato se posterga por muchas causas aparentemente razonables, pero parecería que tienen una raíz común: el egoísmo. Las madres no quieren que sus cuerpos se dañen o que sus vidas laborales o estudiantiles se trunquen, los padres desean más dinero y comodidades, los matrimonios quieren más tiempo para disfrutar, pasear y conocer y los niños pueden llegar a ser un estorbo para sus planes.

Ninguno de estos deseos está mal, en sí mismo. Pero es preciso recordarnos el mandato de Dios, que por supuesto incluye mucho más que tener hijos. Encierra también la responsabilidad de que esos hijos fueran amados, criados con propósito y destino, como lo dice Salmos 127. No debemos olvidar que los niños son herencia del Señor y que no son nuestros, sino de Él y para Él.

El diablo odia a los niños, pues son de Dios y quiere destruirlos. Sabe que mientras más temprano siembre en sus vidas semillas de dolor y amargura, estas tendrán mayor profundidad y, por lo tanto, será más difícil arrancarlas. Entonces no solo destruirá a una generación, sino a la que viene después y a la siguiente.

El Salmo 139:15–16 dice que mientras somos gestados en el vientre de nuestra madre, "*cada día de mi vida estaba registrado en tu libro*" (NTV). Así como Él tiene un plan para la humanidad en general, también lo tiene para cada uno en particular. Esos planes no son un secreto. Más bien, Dios quiere mostrar al mundo su visión para los niños y jóvenes. Somos los adultos, sus padres, abuelos, líderes, los responsables de hacer esa visión realidad, corrigiendo los errores y aprendiendo los principios de la Palabra en lo que a la formación de nuevas generaciones se refiere. Una de las responsabilidades más grandes de los padres es descubrir cuál es el plan de Dios para sus hijos y encaminarlos hacia Él.

Todos hemos sido creados de manera única, individual e importante, con una misión en la vida. Tu sentir de valor personal viene del conocimiento de quién eres. Por tanto, el valor propio no es asunto de las habilidades, talentos, inteligencia o hermosura, sino de identidad. Y es la familia quien debe darnos esta identidad. Quizás este propósito es el que más sufre al llegar el divorcio, cuando hay familias disfuncionales. En un matrimonio difícil o doloroso, no son los cónyuges los únicos que lo pasan mal. Los niños también afrontan un índice muy alto de estrés, y si hay violencia u hostilidad en el hogar, aún más. Esto se traduce en enfermedades, depresión, problemas de comportamiento, rebeldía, malas calificaciones y otros conflictos.

El trauma del divorcio, el abandono o la separación no se sanan con facilidad, pues deja en los hijos una sensación de rechazo e incertidumbre. A veces jamás llegan a superar la ira y el enojo que sienten en su interior. En ocasiones, es más fácil para un niño tener un padre muerto que ausente, pues el recuerdo de aquel que no está, porque no puede estar, es más positivo que aquel que no está porque no quiere estar. Ellos esperan que sus padres tengan la suficiente madurez para superar sus problemas, pero diariamente, son los padres quienes les piden a los hijos que sacrifiquen su derecho a tener seguridad y estabilidad, por su deseo, la mayoría de las veces, egoísta de "ser felices". Cuando el padre o la madre le pide al hijo que comprenda que "necesita disfrutar de la vida", está diciéndole que sus deseos personales están por sobre los anhelos de él o ella. Básicamente es una forma cómoda de ver la vida, en la cual el "yo" está en primer lugar. Eso pone "de cabeza" el plan de Dios, que supone que los padres deben proveer para los hijos, y no los hijos para los padres.

El divorcio trae dolor. Aun los cónyuges que han resuelto por esa opción suelen cargar sobre sí durante años sentimientos de ira y rencor en contra de su antigua pareja, como una semilla invisible de la que germina un árbol de amargura que, como lo dice la carta a los Hebreos, contamina a muchos, sobre todo a los hijos.

Quizá hoy, como padre, tú debes preguntarte: ¿Cuáles son las cosas que puedo hacer para marcar una gran diferencia en mis hijos? Jugar pelota con ellos en el parque, sacarlos a tomar un helado, estar junto a ellos y educarlos, pero, sobre todo, amar a la madre de ellos, porque eso les mostrará el amor de Dios. Recuerda que formar a los hijos no es responsabilidad de la escuela ni de la Iglesia; es de la familia.

5. REFLEJAR LA IMAGEN COMPLETA DEL CREADOR A UN MUNDO QUE NECESITA CONOCERLO

Dios quiere ser conocido, quiere ser amado y deseado. Sabe que el ser humano no podrá ser feliz sin una relación íntima con Él. Solo observando el reflejo de sus características en el hombre y en la mujer, podrá conocerlo mejor.

El relato de la creación nos muestra que ambos, hombre y mujer, son portadores de la imagen de Dios. Él creó una humanidad a su imagen y semejanza, en dos sexos diferentes. Adán, el ser humano, tenía en su interior todos los atributos de la deidad. Al inicio, Eva estaba en Adán. Al separar al hombre y la mujer, en cada uno de ellos permanece la imagen de Dios en diversas maneras.

> *Y creó Dios al hombre a su imagen, a imagen de Dios lo creó; varón y hembra los creó.* (Génesis 1:27)

El Señor depositó en ambos características que le mostrarían al mundo cómo es Él.

Parte del propósito de Dios para el matrimonio es que el mundo pueda ver sus características juntas nuevamente. Lo femenino refleja la imagen de Dios, tanto como lo masculino. Por ello, cuando amordazamos a uno de los dos sexos y le impedimos expresarse, ya sea en el hogar, en la Iglesia o en la sociedad, la imagen de Dios quedará incompleta. Entonces, ¿cómo se volverá el mundo hacia un Dios que no conoce? El mandato del pueblo de Dios es mostrar al mundo sus características, no la mitad de ellas, no lo que creemos necesario desde nuestro punto de vista, sino la totalidad de su imagen. Él nos llamará a cuentas por no haber cumplido con esa misión completamente.

En un matrimonio saludable, cada cónyuge busca la satisfacción y el bienestar del otro. En el amor del uno hacia el otro, a través de la fidelidad mutua, y en su fecundidad, el marido y la mujer reflejan la imagen de Dios de manera misteriosa y maravillosa. No cabe duda de que es por medio de la familia que se refleja el verdadero carácter de Dios.

Si bien nuestro matrimonio no nació como Dios lo había planificado, por su gracia, aún permanece. Por eso creemos que tenemos la autoridad moral para enseñar sobre este tema. El anhelo de nuestro corazón es infundir esperanza en aquellas parejas que sienten que ya no hay futuro para ellas. Queremos decirte que sí es posible construir un matrimonio perdurable, un matrimonio increíble, que soporte las tormentas de la vida. Si nosotros pudimos salir adelante, ustedes también lo pueden hacer.

¿La clave?

- Conocer el plan de Dios para el matrimonio.
- Obedecer Su mandato de edificarlo sobre la roca, que es Jesús.
- Perseverar. No tires la toalla si estás pasando por situaciones difíciles con tu familia.

Y si tienes un buen matrimonio, una familia estable, al compartir experiencias te mostraremos cómo mejorar aún más para dejar un legado de bendición a las futuras generaciones.

2

CÓMO PELEAR POR LA FAMILIA

El matrimonio está bajo ataque, y si no está bien fundamentado, caerá. Por ello es necesario tomar una posición desde el inicio. Y esta debe ser clara: luchar por ese matrimonio.

> *Cualquiera, pues, que me oye estas palabras, y las hace, le compararé a un hombre prudente, que edificó su casa sobre la roca. Descendió lluvia, y vinieron ríos, y soplaron vientos, y golpearon contra aquella casa; y no cayó, porque estaba fundada sobre la roca. Pero cualquiera que me oye estas palabras y no las hace, le compararé a un hombre insensato, que edificó su casa sobre la arena; y descendió lluvia, y vinieron ríos, y soplaron vientos, y dieron con ímpetu*

contra aquella casa; y cayó, y fue grande su ruina.

(Mateo 7:24–27)

La tormenta llegará, el matrimonio y la familia serán atacados por vientos y lluvias. Las crisis son comunes a todos, por tanto, no te asombres cuando llegan los problemas, las enfermedades, la depresión, la rebeldía, malas calificaciones, angustia o estrés. La pareja que juró amarse de pronto siente que no soporta estar en la misma habitación y no sabe qué ha pasado con todos sus sueños de amor. Entonces ambos se sorprenden y piensan que no tienen otra opción que la separación.

Jesús lo dice con estas palabras: *Y descendió la lluvia, y vinieron ríos y soplaron vientos, y dieron con ímpetu contra aquella casa; y cayó y fue grande su ruina.* En la historia de Jesús vemos que ambos hombres lograron construir la casa, ambos la levantaron, pero uno de ellos no la pudo mantener. Eso nos da una estadística del 50%.

Cuando la tormenta llegó, una de las casas se fue a la ruina. "Es más fácil obtener algo que mantenerlo", dijo el Dr. Ed Cole.[1] Es más fácil encontrar un empleo que permanecer en él. Por supuesto, casarse es fácil; mantenerse casado es otro asunto. Para lograrlo, es necesario pelear la batalla.

La palabra clave aquí es *decisión*. No es un sermón lo que cambiará tu familia, no es la oración de un momento; es tu decisión personal de enfrentar los problemas, día a día, sabiendo que mayor es el que está contigo que el que está en el mundo.

La pregunta que cada persona debe hacerse es: ¿Quiero mejorar mi hogar? No puede haber respuestas vagas ni intermedias. Tampoco sirve preguntar al cónyuge o a los hijos qué opinan. La única respuesta aceptable es un sí o un no. Y la decisión es personal.

> *Mira, yo he puesto delante de ti hoy la vida y el bien, la muerte y el mal; porque yo te mando hoy que ames a Jehová tu Dios, que andes en sus caminos y guardes sus mandamientos, sus estatutos y sus decretos para que vivas y seas multiplicado y Jehová tu Dios te bendiga en la tierra a la cual entras para tomar posesión de ella.*
>
> (Deuteronomio 30:15–16)

No sirve de nada repetir lo que pasó ni volver a contar lo mal que están las cosas. La batalla está ganada; pero aún hay que pelearla. Solo levántate y di: «He decidido pelear por mi familia». Si esa es tu decisión, sigue adelante con tu lectura. Es preciso que sepas que no siempre es fácil tomar esta decisión, pero siempre es la mejor opción.

¿CONTRA QUÉ PELEAMOS? ¿CÓMO GANAMOS LA BATALLA?

De la decisión de luchar, pasamos a la segunda parte: *identificar el enemigo*, y es que no se puede ganar una batalla sin saber contra qué estamos peleando, ni cuáles son las armas de las que disponemos. Así que será preciso reconocer a nuestros verdaderos enemigos y después de identificarlos, buscar la manera de derrotarlos, es decir, obtener la estrategia. Es importante que sepas que, en todos los ámbitos de nuestra vida, ya sea en lo personal, familiar o de trabajo, siempre luchamos con los mismos enemigos.

EL PRIMERO DE ELLOS ES NUESTRA PROPIA NATURALEZA CAÍDA

La historia humana, en todas las culturas, muestra los resultados del rechazo a la autoridad de Dios; y el matrimonio es un claro y doloroso ejemplo de ello. Cuando Dios crea a la pareja, la Biblia dice que ambos estaban desnudos, juntos, el uno cerca del otro y no sentían vergüenza alguna. Esto nos habla de transparencia. Ambos recibieron un doble mandato: la procreación de la humanidad ("sean fructíferos y multiplíquense") y la representación de Dios mismo como mayordomos, ejerciendo dominio sobre la naturaleza ("dominen" o "ejerced potestad"). Esa es la misión que debían cumplir juntos. Ambos tenían las mismas instrucciones de Dios, la mayordomía y su representación en la tierra, lo cual les daba una meta y una misión común. De hecho, la mujer no formaba parte de la creación sobre la cual el hombre iba a tener dominio Génesis 1:28 nos habla de esta misión:

> *Y les dijo: Fructificad y multiplicaos; llenad la tierra, y sojuzgadla, y señoread en los peces del mar, en las aves de los cielos, y en todas las bestias que se mueven sobre la tierra.*

Adán y Eva podían hacer cualquier cosa en el huerto, excepto una. Podían comer de todo árbol, menos de uno. ¿Adivina qué hicieron y de cuál árbol comieron? ¡Del único que no debían!

Al cuestionar la autoridad de Dios y desobedecer su mandato, se quebró la relación íntima entre el Creador y sus criaturas, y a la vez se rompió la relación de mutualidad y confianza entre los dos, lo que causó rivalidad y opresión.

> *Pero la serpiente era astuta, más que todos los animales del campo que Jehová Dios había hecho; la cual dijo a la mujer: ¿Conque Dios os ha dicho: ¿No comáis de todo árbol del huerto? Y la mujer respondió a la serpiente: Del fruto de los árboles del huerto podemos comer; pero del fruto del árbol que está en el medio del huerto dijo Dios: No comeréis de él, ni le tocaréis, para que no muráis. Entonces la serpiente dijo a la mujer: No moriréis; sino que sabe Dios que el día que comáis de él, serán abiertos vuestros ojos, y seréis como Dios, sabiendo el bien y el mal. Y vio la mujer que el árbol era bueno para comer, y que era agradable a los ojos, y árbol codiciable para alcanzar la sabiduría; y tomó de su fruto, y comió; y dio también a su marido, el cuál comió, así como ella. Entonces fueron abiertos los ojos de ambos y conocieron que estaban desnudos; entonces cocieron hojas de higuera, y se hicieron delantales.* (Génesis 3:1–7)

Ese fue el mayor ataque al plan de Dios sobre la familia. El hombre y la mujer que debían ser amigos, amantes y compañeros, se convirtieron en rivales.

El pecado lleva a la separación y la paga del pecado siempre es la muerte (ver Romanos 6:23). Satanás y el pecado destruyen las relaciones personales más fundamentales que tenemos. Después del pecado, todas las cosas cambiaron para Adán y Eva.

El ataque del enemigo contra el matrimonio logró su primer objetivo: transformó a una pareja que debería ser un equipo que alcanzaría grandes metas, en una verdadera guerra de sexos. Esta batalla ha generado y lo sigue haciendo hasta el día de hoy muchas heridas, confusión y dolor. Ambos fallaron en el huerto del Edén; perdieron la batalla. Adán, cuya responsabilidad era cuidar de la creación de Dios, mostró pasividad en su reacción cuando Eva le ofreció el fruto. Pero ante la pregunta de Dios, inmediatamente culpó a la mujer (actitud defensiva), responsabilizándola de su fracaso, y también a Dios mismo, por haberle dado esa mujer.

> *Y oyeron la voz de Jehová Dios que se paseaba en el huerto, al aire del día; y el hombre y su mujer se escondieron de la presencia de Jehová Dios entre los árboles del huerto. Mas Jehová Dios llamó al hombre, y le dijo: ¿Dónde estás tú? Y él respondió: Oí tu voz en el huerto, y tuve miedo, porque estaba desnudo; y me escondí. Y Dios le dijo: ¿Quién te enseñó que estabas desnudo? ¿Has comido del árbol de que yo te mandé no comieses? Y el hombre respondió: La mujer que me diste por compañera me dio del árbol, y yo comí. Entonces Jehová Dios dijo a la mujer: ¿Qué es lo que has hecho? Y dijo la mujer: La serpiente me engañó, y comí. [...] A la mujer dijo: Multiplicaré en gran manera los dolores en tus preñeces; con dolor darás a luz los hijos; y tu deseo será para tu marido, y él se enseñoreará de ti. Y al hombre dijo: Por cuanto obedeciste a la voz de tu mujer, y comiste del*

> *árbol de que te mandé diciendo: No comerás de él; maldita será la tierra por tu causa; con dolor comerás de ella todos los días de tu vida. Espinos y cardos te producirá, y comerás plantas del campo. Con el sudor de tu rostro comerás el pan hasta que vuelvas a la tierra, porque de ella fuiste tomado; pues polvo eres, y al polvo volverás.*
>
> (Génesis 3:8–14; 16–19)

Muchas hombres, incluso cristianos, han adoptado una interpretación de las Escrituras que los lleva a ejercer un autoritarismo que no es bíblico, a imponerse como jefes del hogar y asumiendo una falsa autoridad sobre su esposa e hijos. Hasta justifican la violencia doméstica, malinterpretando las palabras de Dios, que son una descripción de las consecuencias del pecado y no su plan original.

No es el deseo de Dios que el ser humano sufra, se enferme o tenga dolor. Tampoco que la tierra deje de ser fructífera. Y mucho menos que entre hombre y mujer haya una guerra por control y poder. Estas palabras no tienen que ver con la predestinación, sino con conocimiento previo. El Señor sabía cuáles serían las consecuencias de la desobediencia y así se lo comunicó a sus hijos. El hecho es que Adán y Eva perdieron una batalla y con ella, la armonía inicial que existía entre ambos. Adán se paralizó y no protegió a su compañera. A partir de ese momento la actitud del hombre frente a la mujer ha sido a la defensiva, tomando cualquier observación que su esposa hace como una acusación, como si siempre tuviera que demostrar su fortaleza. Mientras el varón se paraliza y no asume la responsabilidad de sus actos, el enemigo susurra al oído de la mujer: estás sola, nadie luchará por ti, no vales la pena.

¿No culpan los hombres todo el tiempo a Dios por sus circunstancias, sin reconocer su responsabilidad en la situación en la que han caído? Igual que ayer, muchos hombres hoy no protegen su casa y culpan a la esposa y madre cuando hay problemas en la familia; y luego a Dios, sin aceptar la responsabilidad de sus actos y sus malas decisiones. La historia humana y todas las culturas muestran los resultados del rechazo de la autoridad de Dios sobre la pareja y la ruptura de la relación de igualdad, mutualidad y complementariedad entre hombre y mujer. Vivimos bajo Génesis 3, no bajo Génesis 1 y 2 que son conforme al plan de Dios.

Tanto Adán como Eva pecaron en contra del amor. Fueron engañados por un amor falso. ¡Cuántas cosas suceden hoy que se denominan amor, pero que en realidad son más bien destrucción y asesinan el alma! El amor verdadero desea que la persona de Dios brille a través del ser amado. Sin competencia.

Si tú te preguntas ¿cuál es el problema más difícil de solucionar en el matrimonio? La respuesta es muy sencilla: el egoísmo humano.

EL SEGUNDO GRAN ENEMIGO ES EL MUNDO

El mundo se opone y se levanta contra Dios. La propaganda sistemática que ataca la institución de la familia, presentándola como algo negativo, es un ejemplo de esto. Basta escuchar por un momento los chistes que se hacen sobre el matrimonio.

La forma en la que el mundo percibe a los hijos en la actualidad es más como un problema por resolver y no como una bendición por la que debemos estar agradecidos. Presta atención a los programas de televisión y analiza cuál es el mensaje.

La mayoría de las veces se presenta una imagen desfigurada de las parejas como si lo único que hicieran es soportarse. Se muestran relaciones "descartables", pues cuando el esposo o la esposa, o los niños, interrumpen los planes personales y no son útiles para cumplir sus deseos, la solución más fácil es cambiar de familia o abortarlos.

Al ceder ante ese ataque y dejándose llevar por las mentiras del enemigo, mucha gente toma la decisión aparentemente más fácil. En vez de luchar por la familia deseada y planificada por el Señor, se crean sustitutos y consideran, de una u otra manera, a la familia tradicional como algo obsoleto.

Tu manera de pensar y reaccionar, tus emociones, y toda tu alma, ha recibido muchos estímulos estímulo a través del medio ambiente y la cultura en la que has vivido. Tu manera de pensar y reaccionar está ya determinada por lo que tus padres te enseñaron, por tus experiencias, por lo que el mundo te dijo, por los hábitos que has desarrollado a través de toda tu vida, entre otros factores. Cuando llegamos a ser cristianos, nuestros pecados fueron quitados; pero la predisposición de pensar y comportarnos de cierta manera, no. Llegamos con las emociones totalmente dañadas. Tu alma (mente, voluntad y corazón) trajo la basura del mundo. La mente sigue generando pensamientos e ideas naturales. Aunque tenemos la mente de Cristo, todavía nos conformamos con el pensamiento "del mundo". Así que hay que transformar nuestra manera de pensar *"por medio de la renovación de vuestro entendimiento"* (Romanos 12:2).

En el principio, Adán y Eva se rebelaron porque quisieron ser como Dios. Esa fue la primera tentación del diablo y sigue siéndolo hoy. La soberbia fue la causa de que Satanás pecara la primera vez. La soberbia dice: "Puedo hacerlo mejor que Dios, puedo ser Dios". Satanás mismo pensó que podía gobernar el universo mejor que Dios. Con relación a la familia y al matrimonio, el ser humano dice: «Yo puedo hacer las reglas mejor que Dios».

> *Hay camino que al hombre le parece derecho; pero su fin es camino de muerte.* (Proverbios 14:12)

Así se ha trastocado la Palabra del Señor, cambiando sus ordenanzas para satisfacer los deseos naturales. Rechazar esos planes nos empuja a la confusión y el pecado. Y la consecuencia del pecado es dolor, sufrimiento y muerte, tanto física, como espiritual.

> *Cambiaron la verdad acerca de Dios por una mentira. Y así rindieron culto y sirvieron a las cosas que Dios creó, pero no al Creador mismo, ¡quien es digno de eterna alabanza! Amén. Por esa razón, Dios los abandonó a sus pasiones vergonzosas. Aun las mujeres se rebelaron contra la forma natural de tener relaciones sexuales y, en cambio, dieron rienda suelta al sexo unas con otras. Los hombres, por su parte, en lugar de tener relaciones sexuales normales, con la mujer, ardieron en pasiones*

> *unos con otros. Los hombres hicieron cosas vergonzosas con otros hombres y, como consecuencia de ese pecado, sufrieron dentro de sí el castigo que merecían.*
> (Romanos 1:25-27, NTV)

El matrimonio igualitario entre dos personas del mismo sexo, por ejemplo, muestra la pretensión del ser humano a poner sus propias reglas y es parte de ese ataque al plan de Dios.

Veamos otro ejemplo. De acuerdo con las normas bíblicas, los recién casados tenían que permanecer en su propia casa durante un año y el varón no debía salir a la guerra ni a ninguna actividad fuera para no descuidar a su esposa. El mensaje era claro: una mujer que ha pasado de estatus y que ha dejado a su familia para unirse a su esposo, necesita la atención y el cuidado de él. ¿Qué diferencia haría si cumpliéramos con ese mandato?

La forma como educamos a los hijos es otro ejemplo. De acuerdo con las normas bíblicas, el padre debía involucrarse en la educación de sus hijos, enseñándoles sobre Dios y su Palabra, pero la sociedad piensa que enseñar "religión" es cuestión de mujeres.

> *Y estas palabras que te mando hoy, estarán sobre tu corazón; y las repetirás a tus hijos, y hablarás de ellas estando en tu casa, y andando por el camino, y al acostarte, y cuando te levantes.* (Deuteronomio 6:6-7)

La Biblia nos manda a no conformarnos con lo que el mundo piensa o dice, sino a ser moldeados por su Palabra, para que nos vaya bien en todo, y el matrimonio no es la excepción.

EL TERCER ENEMIGO DETRÁS DEL ATAQUE EN CONTRA DEL MATRIMONIO ES SATANÁS

El ladrón no viene sino para hurtar, matar y destruir (Juan 10:10). ¿Quién es el ladrón? Ese es el enemigo de nuestras almas que conoce el plan de Dios y que ha venido a robarnos la familia. *Yo he venido para que tengan vida, y para que la tengan en abundancia,* dijo Jesús.

A través de sus años de observación a los seres humanos, conoce también nuestras necesidades y quiere impedir que vivamos la vida plena que el Señor ha ideado nosotros. Los seres humanos estamos envueltos en medio de una guerra entre Dios y su adversario, el diablo. No importa si lo crees o no. El ignorar una realidad no hace que esta desaparezca.

Así que este es el tercer enemigo al que nos enfrentamos. Y una de sus mayores estrategias es hacernos creer que él no existe, pues, ¿cómo pelearemos con un enemigo al cual no reconocemos? *Pero temo que como la serpiente con su astucia engañó a Eva, vuestros sentidos sean de alguna manera extraviados de la sincera fidelidad a Cristo* (2 Corintios 11:3). *Pues no ignoramos sus maquinaciones* (2 Corintios 2:11). El apóstol Pablo dice que no ignora las maquinaciones de la serpiente, pero no creo que nosotros pudiéramos decir lo mismo. El Dr. Ed Louis Cole decía: "Si puedes ser engañado, puedes ser derrotado".[2] El apóstol Pedro nos advierte: *Sed sobrios, y velad; porque vuestro adversario el diablo, como león rugiente, anda alrededor buscando a quien devorar* (1 Pedro 5:8). De hecho, este enemigo anhela devorar a la familia, pues sabe que de un solo golpe derribará a muchas personas, introduciéndolas en una cárcel de temores, resentimientos, dolor, ira y aflicción.

¡TOMA LA DECISIÓN!

Una vez más: ¿Cuál debe ser la respuesta ante esos ataques? Una sola: pelear por tu matrimonio y la familia. Recuerda que Dios ya ha vencido y tú puedes también vencer la batalla por tu hogar, si lo edificas sobre la roca, que es Jesús, y tomas la decisión de:

Pelear. Pablo dijo: *Olvidando lo que queda atrás [...] sigo avanzando hacia la meta para ganar el premio que Dios ofrece mediante su llamamiento celestial en Cristo Jesús* (Filipenses 3:13-14, NVI). Hombres y mujeres tenemos muchas diferencias y cada uno tiene una visión consciente o inconsciente de lo que debería ser un matrimonio. Podemos discutir noches y días para tratar de encontrar quién tiene la razón y llegaremos a una sola conclusión: ambos estamos equivocados. Así que preguntar quién tiene la razón no es lo más importante, sino ¿estoy dispuesto a pelear por este matrimonio?

Algunas personas no pueden desligarse del pasado, y como resultado permiten que dicho pasado reduzca las oportunidades presentes. Dicen que quieren mejorar, pero no perdonan las ofensas, guardan amargura y rencor, o viven llenos de culpa por lo que hicieron mal. Continuamente dicen: "Lo eché a perder y lo estaré pagando por el resto de mi vida". Pero no es necesario vivir con esa pesada carga de culpas, viejas heridas y recuerdos de errores.

Entregar a Dios tu matrimonio. Tal vez pienses que este es un consejo muy simple, pero es fundamental. *Si Jehová no edificare la casa, en vano trabajan los que la edifican; si Jehová no guardare la ciudad, en vano vela la guardia. Por demás es que os levantéis de madrugada, y vayáis tarde a reposar, y que comáis pan de dolores; pues que a su amado dará Dios el sueño* (Salmo 127:1-2). En muchas ocasiones, si no la mayoría de las veces, nos encontramos peleando la batalla en nuestras propias fuerzas. Eso nos agota y frustra. Tratamos de cambiar a nuestro cónyuge o a los hijos peleando con ellos o dándoles un sermón, lo cual genera mayores conflictos. Es solo hasta que nos rendimos delante de Dios y reconocemos nuestra incapacidad, que Él actuará. Dios es el más interesado en el éxito de tu matrimonio. No olvides que es su plan.

Él nos da muchas promesas para las familias. Quiero recordarte una: *Cree en el Señor Jesucristo, y serás salvo, tú y tu casa* (Hechos 16:31). Entrega tu carga y descansa en el Señor.

Aprender y obedecer las normas de Dios para tu hogar. La única manera de obtener y mantener un matrimonio que cumpla los propósitos de Dios es conocer y obedecer Sus principios para él. Haz de Cristo el Señor de tu vida, de tu matrimonio y de tu casa. Si obedeciéramos los consejos de la Palabra, no necesitaríamos tanta consejería, ni cometeríamos tantos errores. Si tan solo hiciéramos lo que Dios ordena, la familia permanecería firme a pesar de los ataques.

Aprenderemos en esta lectura las normas de Dios para el matrimonio, y la manera en la que podemos transformar un hogar sin esperanza en una familia bendecida, donde se cumple el propósito de Dios de unir a dos personas diferentes en una sola carne. Si nosotros lo hicimos, tú también puedes.

No podemos finalizar este capítulo sin pedirte que nos pongamos de acuerdo y oremos juntos, y tomemos la decisión de defender el matrimonio y la familia, entregando nuestro cónyuge e hijos a Dios:

> *Padre, tú nos muestras a través de tu Palabra que tus planes para nosotros son de bienestar y prosperidad. Tú creaste la familia como un lugar de refugio en el cual nuestros hijos pudieran crecer protegidos del ataque del maligno. Pero hoy la familia está bajo ataque. Te pido Padre, que nos des la sabiduría para edificar familias que sean una fortaleza contra el ataque del enemigo, que puedan perdurar a pesar de las tormentas y que impacten a la nación, siendo de bendición a las futuras generaciones. Gracias por la familia que nos has dado, enséñanos cada día a protegerla y cuidarla, sabiendo que, después de la salvación, es el mayor tesoro que tenemos. Hoy la entregamos en tus manos y te aceptamos no solamente como nuestro Señor y Salvador, sino también como el Señor de la familia.*

3

IGUALES Y DIFERENTES

Descubrir los verdaderos enemigos del matrimonio, tomar la decisión de pelear por la familia y entregarla a Dios es el comienzo de un proceso. Es necesario avanzar en el camino, conocer la visión de Dios para el matrimonio y aprender las normas bajo las que debemos vivir.

La historia de la creación es una de nuestras favoritas en la Biblia por la gran revelación que contiene. Y la ciencia no hace sino confirmar lo que la Biblia dice. Toda la investigación sobre el genoma humano concluye con algo que Dios dijo ya hace cientos de miles de años: que toda la humanidad desciende de una sola pareja, y que la sustancia de la cual está hecho el cuerpo del ser humano es idéntica a la materia de la tierra. Y por supuesto que es así, pues el hombre fue hecho de la tierra. Entonces, una vez creado el hombre, Dios sopló sobre él un espíritu y que mezcló con el polvo de la tierra. Por el soplo de Dios la materia cobró vida y así surgió algo nuevo: un ser humano. De tal forma que somos criaturas que nos movemos en dos mundos: el espiritual y el material.

> *Entonces Jehová Dios formó al hombre del polvo de la tierra, y sopló en su nariz aliento de vida, y fue el hombre un ser viviente.* (Génesis 2:7)

En este caso, la palabra "hombre" es genérica. Así, en otras versiones, como la *Nueva Versión Internacional* (NVI), ya se traduce correctamente este pasaje al decir:

> *Y Dios creó al ser humano a su imagen; lo creó a imagen de Dios. Hombre y mujer los creó, y los bendijo con estas palabras: "Sean fructíferos y multiplíquense; llenen la tierra y sométanla; dominen a los peces del mar y a las aves del cielo, y a todos los reptiles que se arrastran por el suelo". También les dijo: "Yo les doy de la tierra todas las plantas que producen semilla y todos los árboles que dan fruto con semilla; todo esto les servirá de alimento. Y doy la hierba verde como alimento a todas las fieras de la tierra, a todas las aves del cielo y a todos los seres vivientes que se arrastran por la tierra". Y así sucedió.*
> (Génesis 1:27-30, NVI)

Siendo el hombre un ser trino (cuerpo, alma y espíritu), estaba física y espiritualmente vivo, su alma alerta y dispuesta, en un estado de santidad perfecta, sin pecado, y también con una mente, cuerpo y espíritu perfectos. Al inicio, Eva estaba dentro de Adán. *Varón y hembra los creó; y los bendijo, y llamó el nombre de ellos Adán, el día en que fueron creados* (Génesis 5:2). Del hombre formó a la mujer, y surgió la primera pareja, a la que bendijo (es decir, "casó") y le dio la orden de crecer, dominar, multiplicarse y administrar la tierra. Al separar en dos este ser humano único, tanto en Adán como en Eva quedaron características divinas, siendo cada uno un complemento para el otro.

Esta es la enseñanza básica del relato de la creación: la igualdad del hombre y la mujer. Él creó un "ser humano" a su imagen y semejanza, en dos sexos distintos, complementarios, con propósitos específicos, iguales ante Dios y entre sí. Las características diferentes en cada uno de ellos hacen que tengan necesidades y gustos diferentes.

Aquí conviene hacer algunas aclaraciones:

1. Dios es Espíritu (Juan 4:24). Dios creó al ser humano a su imagen y semejanza, por lo que entendemos que nuestra semejanza a Él es espiritual. Dios no tiene cuerpo, ni sexo, ni género, ni edad. Él es Espíritu. El espíritu del ser humano, al igual que el de Dios, no tiene género. También es importante comprender que nuestro espíritu no es un trocito del Espíritu de Dios, sino que fue creado; por lo tanto, tiene principio, pero no final, pues está hecho para vivir eternamente. De manera muy clara, la Biblia enseña que nosotros no somos dioses, sino seres creados a imagen de Dios.

2. Dios no tiene sexo. Aunque la Biblia usa mayormente formas gramaticales masculinas para referirse a Dios, no se puede afirmar que Dios es masculino. Como espíritu que es, el Dios de la Biblia no puede tener sexo. Hombres y mujeres podemos identificarnos con el Creador que hizo a ambos géneros a su imagen y semejanza.

Si bien es cierto que por lo general se le presenta como hombre, en ocasiones muestra características que nos son propias de una mujer. Por ejemplo, el Señor dice de sí mismo que es el *Shaddai,* que significa «pecho que amamanta». Se compara con la madre que no puede olvidar al hijo que dio a luz. Debemos concluir, entonces, que en su persona combina características que hoy día denominamos masculinas o femeninas.

Dios tampoco es mujer. Limitar al gran Dios a un género es no comprender lo infinito de su existencia. Por eso afirmamos que tanto hombre como mujer reflejan a Dios de manera diversa y que las características tan únicas del esposo y la esposa, del padre y de la madre, proceden de un solo Creador.

3. Dios es Creador, no procreador, de la raza humana. Somos hijos de Dios por creación. Y todos quienes aceptamos a Jesús como nuestro Señor, nos convertimos en hijos de Dios por adopción.

4. Dios creó al ser humano como objeto de su amor, y lo primero que hizo fue bendecirlo y darle instrucciones. En los textos de la creación, Dios nunca le ordena al hombre que gobierne o domine a la mujer. Si tal estructura hubiera formado parte del propósito de Dios, habría sido claramente ordenada por Él al principio de todos los tiempos. La total ausencia de tal comisión indica que no formaba parte de la intención de Dios, por lo que antes de la caída, ambos disfrutaron de una relación de completa igualdad.

5. Hombre y mujer son iguales ante Dios. De un ser humano, creado a imagen de Dios, se hicieron dos, quienes a través del matrimonio volverán a ser uno solo. El apóstol Pablo, en su carta a los Gálatas, afirma la igualdad de géneros:

> *Ya no hay judío ni gentil, esclavo ni libre, hombre ni mujer, porque todos ustedes son uno en Cristo Jesús. Y ahora que pertenecen a Cristo, son verdaderos hijos] de Abraham. Son sus herederos, y la promesa de Dios a Abraham les pertenece a ustedes.*
>
> (Gálatas 3:28-29, NTV)

Esa igualdad en relación con hombres y mujeres se refiere a que:

- **Hombre y mujer son igual creación.** Hay quien piensa que el hombre es superior ante los ojos de Dios porque fue creado primero. A eso se le ha llamado la "prioridad de la Creación". De acuerdo con esta posición, Dios estableció la jerarquía hombre-mujer cuando creó a Adán primero. Una aplicación textual de dicha teoría diría que ningún hombre, excepto los primogénitos, tiene posición de liderazgo sobre sus hermanos en la iglesia y en la familia. Sin embargo, el hecho de la formación del cuerpo del varón primero no da lugar a la teoría de la superioridad masculina. Nadie afirmaría que los animales son superiores al hombre por haber sido formados primero. La mujer no fue creada como una idea de último momento, siempre estuvo en Adán y, por supuesto, en los planes de Dios.
- **Ambos tienen identidad de sustancia física.**

> *¡Al fin! —exclamó el hombre—¡Esta es hueso de mis huesos y carne de mi carne! Ella será llamada "mujer" [ishshah] porque fue tomada del hombre [ish].* (Génesis 2:23, NTV).

- **Hombre y mujer tienen igual bendición, instrucción y mandato.** Ambos tienen la mayordomía y la representación de Dios en la tierra. Dios bendijo a los dos.

  Y les dijo: Fructificad y multiplicaos; llenad la tierra, y sojuzgadla, y señoread en los peces del mar, en las aves de los cielos, y en todas las bestias que se mueven sobre la tierra (Génesis 1:28).

Como podemos ver, se habla en plural. Ambos recibieron la bendición de Dios, quien les habló directamente. Los dos también recibieron el doble mandato: la procreación de la humanidad («sean fructíferos y multiplíquense») y la representación de Dios mismo como mayordomos, ejerciendo dominio sobre la naturaleza («dominen» o «ejerced potestad»). Esa es la misión humana, la cual debían cumplir juntos. Ambos son igualmente autorizados por Dios para actuar como sus mayordomos en la tarea de señorear la tierra. La mujer no formaba parte de la creación sobre la cual el hombre iba a tener dominio.

Tampoco se puede considerar a la mujer como subordinada al hombre como para llamarla "ayuda idónea". Los estudios están de acuerdo en que esta frase es muy difícil de traducir. El término «ayuda» es la palabra *ezer* («socorro»), se menciona 20 veces en el Antiguo Testamento y cada vez se refiere a Dios, quien acude en socorro de su pueblo.

No hay como el Dios de Jesurún, Quien cabalga sobre los cielos para tu ayuda, y sobre las nubes con su grandeza. El eterno Dios es tu refugio, y acá abajo los brazos eternos; él echó de delante de ti al enemigo, y dijo: Destruye. E Israel habitará confiado, la fuente de Jacob habitará sola en tierra de grano y de vino; también sus cielos destilarán rocío. Bienaventurado tú, oh, Israel. ¿Quién como tú, pueblo salvo por Jehová, escudo de tu socorro, y espada de tu triunfo? Así que tus enemigos serán humillados, y tú hollarás sobre sus alturas. (Deuteronomio 33:26-29)

Alzaré mis ojos a los montes; ¿de dónde vendrá mi socorro? Mi socorro viene de Jehová, que hizo los cielos y la tierra. (Salmo 121:1-2)

Nuestra alma espera a Jehová; Nuestra ayuda y nuestro escudo es él. (Salmo 33:20)

En todos los casos se utiliza la Palabra como el socorro indispensable; como la única esperanza. Sería una herejía decir que Dios está por debajo del hombre por ser su "ayuda". En todo caso, sería, al contrario, pues quien necesita ayuda está por debajo del ayudador. En el caso del hombre y la mujer, la ayuda no vendría de arriba, sino de una persona igual a él. La palabra *knegdo*, que se ha traducido como idónea o adecuada, en el original tiene más fuerza. Quiere decir "apropiado", "correspondiente a él", alguien que estaría a su lado como su complemento. En realidad, la mejor traducción podría ser "salvavidas". La mujer, entonces, no es un apéndice sin importancia. Es el socorro indispensable que el hombre necesita para cumplir el mandato de Dios.

- ***Los dos comparten la misma naturaleza espiritual y la misma relación con Dios, y son igualmente responsables ante Él.*** No hay ninguna indicación de que la mujer tiene mayor responsabilidad en relación con los hijos o que el hombre es el único responsable para cumplir con la provisión.
- ***Ambos son portadores de la imagen de Dios.*** Cuando Dios separa al ser humano en dos, características de Dios quedan en él y en ella. Por tanto, la imagen completa de Dios solo la podemos encontrar al buscar las características de ambos géneros en conjunto, ya que ambos reflejan diferentes facetas del Creador. La imagen de Dios, puesta tanto en el hombre como en la mujer, les permitía reconocerse como sujetos, relacionarse abiertamente con su Creador y entre ellos mismos. Les daba la posibilidad de comunicarse, de crear, de trascender, de tal manera que pudieran colaborar con el Señor en la digna tarea de administrar la tierra. Es después de la caída, como parte de la maldición a consecuencia del pecado, que Dios habla del dominio masculino. Pero está claro que Dios no tiene preferencia por ningún género; Él ama y se relaciona de igual manera con hombres y mujeres. Siendo dos personas, al juntarse se hacen nuevamente uno, entonces juntos reflejaban la imagen de Dios en su totalidad.

Es el desconocimiento, la mala interpretación y el velo que el pecado puso sobre nuestros ojos lo que ha oscurecido nuestro entendimiento sobre Dios y su relación con el ser humano. Esto provocó que se mire la relación del hombre y la mujer a través de lentes equivocados. Aun al leer el relato de la creación, lo hacemos con ideas preconcebidas, otorgando históricamente a Eva un rango inferior a Adán. Tanto lo uno como lo otro (ignorancia y desconocimiento) son una consecuencia del pecado, que como ya se dijo, es el primer enemigo que debemos enfrentar. A causa de la ignorancia que los domina y por la dureza de su corazón, estos tienen oscurecido el entendimiento (ver Efesios 4:18).

Después de lo que hemos visto, la única conclusión a la que podemos llegar es que hombres y mujeres somos iguales ante Dios y, sin embargo, también somos diferentes, y mucho. No pienses que al decirlo hay una contradicción en nuestras palabras, pues, aunque hombre y mujer tienen la misma sustancia, la misma bendición y el mismo mandato, no podemos negar sus diferencias, tanto físicas como emocionales.

Es trágico que en muchos aspectos de la sociedad actual se pretendan borrar las diferencias entre el hombre y la mujer distorsionándolas. En el cine, en la televisión, en revistas y en carteleras, la mujer ideal (y cada vez más el hombre ideal) se muestra como un simple objeto sexual. Es una manera de destruir la imagen pura y natural de Dios. Se habla interminablemente de la igualdad entre el hombre y la mujer, pero en realidad, las mujeres son maltratadas y explotadas ahora más que nunca.

Pero no solamente eso, la ideología de género tan publicitada hoy no pretende una igualdad de géneros, como se cree, más bien desea borrar toda diferencia entre hombres y mujeres. Ni la familia, ni la sociedad, ni la iglesia han sabido mostrar al mundo la completa imagen de Dios, sino una imagen parcial, al no permitir a la mujer su participación en el ministerio o en la sociedad desde el punto de vista femenino, sin exigirle roles que Dios no ha establecido. En la familia en cambio, al dejar fuera al hombre, los hijos no han podido ver la imagen del Creador. Al igual que el hogar pierde cuando hay un padre ausente, la Iglesia pierde cuando no se le permite a la mujer servir en ella desde una posición visible.

Este no es un tratado de anatomía, por lo que no pretendemos hacer un análisis de las diferencias fisiológicas y anatómicas de género, pero estas son innegables. Ambos tenemos distinta estructura corporal. Los hombres tienen más músculo y las mujeres más grasa en sus cuerpos, por ejemplo. Algunas diferencias físicas entre los dos sexos son obvias, y otras no tan obvias.

Hace no muchos años, una investigación sobre las diferencias entre lo masculino y lo femenino hizo que sus descubridores ganaran un premio Nobel en Medicina.[1] Ellos encontraron que el cerebro del hombre, mientras su madre estaba en gestación, recibía un baño de testosterona que hacía un surco, dividiendo el hemisferio derecho del izquierdo. Los embriones femeninos, en cambio, no reciben ese baño. Por ello, los dos hemisferios tienen mayor conexión el uno con el otro. Es por esta razón que la mujer puede hacer varias cosas a la vez: hablar, mirar la televisión, cuidar a los niños y otras más. Es porque está usando al mismo tiempo ambos lados del cerebro. En cambio, el varón usa un hemisferio u otro a la vez, pero no los dos juntos. Mientras la mente femenina une, conecta y mezcla; la mente masculina selecciona, analiza y encasilla, le gusta separar las cosas.

(AÍDA)

¡Cuántas veces hemos peleado por este simple hecho! Cuando Jimmy está mirando la televisión y yo le hablo, él apenas me contesta con sonidos. Yo siento que no quiere prestar atención y él siente que pretendo invadir su espacio. Para mí no hay problema en hablar con mis hijas mientras vemos la televisión. Pero cuando comenzamos a hablar entre nosotras, él nos dice que "vayamos a hablar en otra parte". Esas palabras me han ofendido cientos de veces. Le he contestado que él sí habla por teléfono cuando yo veo la televisión y yo no le pido que salga del cuarto. Solo hasta hace poco comprendí que este conflicto no tiene nada que ver con amor o desamor. Simplemente, él no puede concentrarse en lo que está haciendo si yo hablo a su lado.

Por otra parte, cuando él quiere hablar conmigo, para mí no es problema continuar con lo que estoy haciendo y escuchar al mismo tiempo. Aun puedo hablar con Rossana o Verónica, mientras lo escucho. A pesar de ello, su queja constante ha sido: "Aída, no me estás escuchando". Y aunque yo repita exactamente lo que dijo, para él es como si yo no le prestara atención. Entonces se enoja y se va sin terminar de decirme lo que había comenzado.

Cuando comprendemos la diferencia entre el cerebro femenino y el cerebro masculino, podemos dejar de pelear por estas cosas. Así, si él quiere decirme algo, yo debería dejar de hacer lo que estoy haciendo y concentrarme en sus palabras, ya que, dentro de sus parámetros, si estoy haciendo otra cosa, no le estoy prestando atención completa.

Emocionalmente también somos diferentes. La mente femenina tiene la tendencia a unir, más bien que a separar. Las mujeres relacionan las cosas de un modo más personal, como individuos totales, teniendo una respuesta más integrada. Por eso mezclan todo en su interior. El trabajo, las amigas, la casa, los hijos y el esposo no están en compartimentos separados. Lo que pasa en una relación afecta a las otras. Sienten sus cuerpos de manera completa, en relación con su personalidad. Se colocan a sí mismas en un punto central, y deciden la relación que el objeto tiene con su propia vida.

Las mujeres quieren conocer un objeto acercándose a él. En cambio, los hombres tienden a distanciarse del objeto con el fin de entender. De hecho, en un matrimonio ella quiere hablar, acercarse, pero él generalmente se aleja, se siente amenazado y se encierra en sí mismo; guarda silencio. El hombre se caracteriza por la diferenciación: separa con mayor facilidad los elementos de su persona. Guarda mayor distancia de sus emociones y tiene mayor capacidad para apartarse.

Dios diseñó intencionalmente estas diferencias y es importante reconocerlas y aun disfrutarlas. Ignorarlas hace que los conflictos de pareja se incrementen. Comprender los contrastes entre lo masculino y lo femenino, y reconocer que son diferentes maneras de reflejar al Creador, ayudará a bajar tensiones en el hogar, a dejar de pretender controlar el uno al otro, y a mejorar la relaciones, basados en el plan original. Adán y Eva fueron creados a imagen de y para la gloria de Dios. Una de las maneras de dar gloria a Dios es cumpliendo su propósito único. Por tanto, damos gloria a Dios cuando le mostramos al mundo cómo es el Creador.

Al hablar de Dios, no podemos enfocarnos en un solo aspecto. Como si fuera un prisma, Dios revela diversas cualidades que a nuestros ojos pueden ser contradictorias. Por ejemplo, decimos que Dios es amor; pero también es fuego consumidor. Es misericordia; pero también es justicia. Dios es príncipe de paz; pero también se nos presenta como un guerrero. Algunas personas pueden preguntar: ¿Dios es tolerante? Sí, más que nosotros; pero también menos. La tolerancia bíblica no compromete su santidad. Dios perdona y espera donde nosotros atacamos y destruimos. Y en otras ocasiones se aflige y nos juzga cuando somos blandos o indiferentes con el pecado.

Esos aspectos contrastantes de Dios están reflejados en las diferencias entre los hombres y las mujeres. En los capítulos siguientes descubriremos cómo esas diferencias han marcado una guerra entre los sexos; pero también cómo podemos reconocer y satisfacer las más profundas necesidades de nuestro cónyuge a través de ellas. Aprenderemos lo valioso de ser quienes somos, conociendo el origen de nuestras diferencias, y como estas nos muestran la imagen de Dios desde una manera única y particular.

Terminemos con una oración, demos gracias a Dios por habernos creado iguales, con el hecho de ser diferentes:

> *Amado Dios, tu sabiduría es maravillosa y tus planes perfectos para tus hijos. Gracias porque nos hiciste hombres y mujeres iguales y diferentes, para tu gloria. Perdónanos porque en muchas ocasiones en lugar de apreciar las diferencias, las hemos usado como armas entre nosotros. Perdón por la discriminación, la queja, el*

abuso y el maltrato. Enséñanos cómo vivir en armonía y respeto, sabiendo que ambos, hombre y mujer, somos el espejo en el cual el mundo te verá. Por Jesús.

4

MUÉSTRAME A DIOS

Uno de los propósitos básicos del matrimonio es reflejar la completa imagen del Creador. Al diseñar al hombre y a la mujer de manera diferente, Dios pretendía mostrar su carácter y sus distintas características.

Después de la caída de Adán y Eva, la imagen de Dios en el ser humano se halló distorsionada por el pecado. Sin embargo, al observar con cuidado las características masculinas y femeninas, podemos descubrir cómo, de alguna manera, reflejan a Dios.

Empecemos observando a Adán. ¿Cómo sería ese hombre antes de la caída? Para rescatar la imagen de Dios en el hombre y ver cómo este debía ser, baste mirar al Jesús bíblico. Muchas veces las representaciones de Jesús que hacen las películas han distorsionado su imagen, porque muestran solo una faceta de este hombre que en sí mismo tiene todas las características de Dios y lo presentan como un hombre muy suave, que apenas si camina pisando la tierra, casi femenino. Pero la Biblia no describe de esa manera a Jesús. Él no era un hombre débil y sin carácter. Mira como lo describe el libro del Apocalipsis 1:13-17 (NVI):

> *En medio de los candeleros estaba alguien "semejante al Hijo del hombre", vestido con una túnica que le llegaba hasta los pies y ceñido con una banda de oro a la altura del pecho. Su cabellera lucía como la lana blanca, como la nieve; y sus ojos resplandecían como llama de fuego. Sus pies parecían de bronce al rojo vivo en un horno, y su voz era tan fuerte como el estruendo de una catarata. En su mano derecha tenía siete estrellas, y de su boca salía una aguda espada de dos filos. Su rostro era como el sol cuando brilla en todo su esplendor. Al verlo, caí a sus pies como muerto.*

El Señor es un guerrero, su nombre es el Señor (Éxodo 15:3, NVI). Dios es amor, dice la Biblia. Es lento para la ira y grande en poder. Pero también es fuego consumidor que quema y arrasa el pecado. Es un guerrero. No podemos olvidar que, si bien Jesús es el Cordero de Dios, también es el León de Judá.

Adán debía reflejar esas características del Creador, como Jesús las reflejó. El Señor fue un hombre fuerte y espera que sus seguidores sean fuertes y con carácter para defender sus principios, para sostener su palabra, porque la palabra del hombre es su mayor garantía; pero al mismo tiempo sensibles para amar a su familia con ternura. Cuando una mujer comprende el corazón de un hombre, puede darle a él su espacio, de tal forma que no se sienta aprisionado dentro de un matrimonio que le corta las alas.

Ser fuerte no es gritar más, ni tener el control de su hogar, sino levantarse y pelear las batallas que tiene por delante, identificando a su verdadero adversario, que no es la mujer, que no son los hijos, sino el diablo que anda como león rugiente y busca devorarlo. El Dr. Cole[1] decía que se es varón por nacimiento, pero hombre por elección. Tú puedes elegir ser como Jesús.

Las primeras instrucciones de Dios a Adán tenían que ver con su trabajo. El Señor le pidió que guardase, cuidase y labrase el huerto. ¿De qué debía cuidar la tierra? Pues del enemigo que estaba al acecho. Y es que antes de la creación de la humanidad ya se había dado una rebelión en el cielo, ya había iniciado una guerra. Adán era responsable de cuidar el jardín, pero no lo hizo. Él era el protector; sin embargo, falló. Le falló a Dios, a Eva y a sí mismo.

¿Dónde estaba Adán cuando la mujer fue tentada? Estaba junto a ella, viendo cómo se desarrollaba toda la escena, pero no la detuvo. No hizo nada para evitar el engaño. Por fin, cuando ella le ofreció la fruta, él la tomó. En ese momento Adán escogió entre Dios y la mujer, y la eligió a ella. Dio también a su marido que estaba con ella, y él comió (Génesis 3:6, LBLA). A partir de la caída surgió la primera emoción negativa: el miedo. Desde ese momento, el hombre ha luchado con sus sentimientos de temor, inseguridad, impotencia y debilidad. Al igual que Adán se escondió con miedo tras los matorrales, el hombre de hoy se esconde detrás de la imagen del macho fuerte y agresivo que grita y golpea; en otras ocasiones se esconde detrás del control de la televisión, de una pantalla de computadora, de una red social, de un periódico, o quizá detrás de una botella de alcohol. Esa es la herencia de los hombres dejada por Adán. Su inseguridad hace que reaccione con ira, oprimiendo y maltratando a la mujer y a los hijos que debería cuidar. El hombre no pelea por su casa, no se arriesga y no lucha. Sus familias se destruyen, sus mujeres son engañadas y sus hijos presos del pecado y el dolor.

Pero, al igual que Adán, el varón hoy día sigue sin hacer nada contra su verdadero enemigo, el diablo, y se ensaña contra la compañera que Dios le ha regalado. Los hombres han abandonado su posición del guerrero que puede defender su casa de las acechanzas del mal. Igual que Adán, el hombre no protege su casa y culpa a la esposa y madre cuando hay problemas en la familia, y luego a Dios, sin aceptar la responsabilidad de sus actos y sus malas decisiones. Su actitud defensiva hace que reaccione ante cualquier observación de su esposa como si fuera una acusación, sintiendo la presión permanente de tener que demostrar su fortaleza. Esa característica del varón lo vuelve vulnerable a la crítica y a la falta de respeto de su esposa con relación a su hombría. La imagen del Dios guerrero y conquistador ha sido dañada, y esa es parte de la crisis de la sociedad actual. Por ello, Dios repite a la mujer, vez tras vez, la necesidad de respetar a su esposo.

Muchos hombres sueñan con ser héroes, pero viven como villanos, culpando a Dios por sus circunstancias, sin reconocer su responsabilidad en la situación en la que se encuentran. Ese sueño nace de su misión original. Pero lejos de cumplirla, viven vidas pasivas, muriendo lentamente, con la certeza interna de que hay algo que tendrían que hacer que aún no han descubierto. La liberación de las mujeres los deja aún más confundidos, sin saber cuál es su rol.

Dios le dio al hombre la tarea de poner nombre a toda la creación. El nombre tiene que ver con la identidad. Fue Adán el encargado de dar identidad a todas las cosas; aun fue él quien puso nombre a la mujer, Eva, que significa "dadora de vida". Hombre y padre, no olvides que eres tú el responsable de dar identidad a la familia. Adán tenía una capacidad organizativa y creativa inmensa. Esto también es parte de las características de Dios. El ser creativo es un reflejo del Dios que creó los cielos y la tierra y es una de las características únicas de los seres humanos. Los animales no son creativos. Tan solo el ser humano lo es.

Por su parte, Eva, la mujer, refleja al Dios relacional, que tiene un corazón para el romance, que anhela la unión y la comunicación con sus hijos y con su esposo. *Dije a gente que no invocaba mi nombre: Heme aquí, heme aquí* (Isaías 65:1). Ella muestra a Dios que busca intimidad. Es a través de la mujer que el Señor nos muestra su corazón amante, aquel que quiere ser deseado y preferido, y que aún llama e insiste antes de dar por terminada una relación. *Les daré un corazón que me reconozca como el Señor. Ellos serán mi pueblo y yo seré su Dios, porque se volverán a mí de todo corazón.* (Jeremías 24:7, NTV).

El deseo más profundo de ella es de unidad e intimidad. El hombre responde al llamado de unidad de su esposa a través del sexo. Para él, intimidad y sexo son sinónimos; para ella, intimidad es comunicación, hablar, contacto físico y no sexual necesariamente. Anhela unidad emocional y espiritual.

Si el varón comprende la necesidad de unidad de Eva, entenderá que cuando su esposa demanda atención y le pide que hablen, no es por molestar, simplemente es parte de su reflejo de Dios. Ella desea el romance, quiere amar, seducir al objeto de su amor, tal como Dios quiere ser amado, preferido, buscado.

Un hombre que tiene una vida sexual activa con su esposa siente que el matrimonio marcha bien, que están unidos, pero para ella no es suficiente. Eva necesita unidad de emociones y de espíritu. *Los atraje con cuerdas de ternura, los atraje con lazos de amor* (Oseas 11:4, NVI).

Dios también ha dado a las mujeres la cualidad de la vulnerabilidad. La mayoría de ellas tienen menos temor que los hombres de decir la verdad acerca de su vida. No necesitan guardar la imagen de fortaleza. Están más dispuestas a pedir ayuda y reconocer que necesitan de los demás. Les es más fácil admitir sus temores y aprehensiones. Son por lo general las primeras en decir en el matrimonio: "Algo no anda bien, busquemos ayuda". De forma común, las mujeres confían más en los otros y están menos a la defensiva. Son menos competitivas. Expresan más fácilmente sus emociones. Las lágrimas de la mujer, lejos de lo que un hombre puede pensar, no son un defecto de fábrica, sino un regalo de Dios.

Mientras el varón se paraliza y no asume la responsabilidad de sus actos, el enemigo susurra al oído de la mujer: "Estás sola, nadie luchará por ti, no vales la pena. Si no lo haces tú, nadie lo hará". Es así como ella asume responsabilidades y posiciones que no le competen y trata de resolver las cosas en sus propias fuerzas, convirtiéndose en una persona controladora. Pero no, mujer, tú no eres la madre de tu esposo, ni el Espíritu Santo. Tampoco la gerente del universo. No asumas un papel que no te corresponde.

Hay otra característica propia de la mujer que refleja la imagen de Dios y a la cual rara vez se le ha dado importancia, más bien se le ha malinterpretado y considerado negativa o superficial. Esa característica es *su belleza*. La mujer refleja la belleza de Dios.

Todo lo que Dios ha hecho es bello, porque Él mismo es bello. Podemos ver la belleza de Dios en la creación. Las flores, los árboles, el amanecer o la puesta de sol reflejan la belleza del Creador.

> *Una sola cosa le pido al SEÑOR,* Y *es lo único que persigo: habitar en la casa del SEÑOR* TODOS *los días de mi vida, para contemplar la hermosura del* SEÑOR *y recrearme en su templo (...) El corazón me dice: «¡Busca su rostro!» Y yo,* SEÑOR, *tu rostro busco.*
>
> (Salmos 27: 4, 8, NVI)

La belleza habla, la belleza inspira. Dios ama la belleza, creó un mundo bello e hizo a la mujer bella.

¿Te has preguntado alguna vez por qué Satanás atacó a la mujer? No parece tener lógica la respuesta común que dice que la mujer tiene mayor sensibilidad espiritual que el varón, pues eso le daría a ella una ventaja especial sobre él, y Dios es justo y no hace acepción de personas. Decir que el hombre no tiene sensibilidad espiritual es negar la igualdad de los sexos en relación con Dios, y un pretexto para que el hombre no asuma su responsabilidad ante Dios y su familia. La Biblia dice que ambos tenían la misma amistad con Dios, y si lees el libro de Génesis verás que Adán, el hombre, escucha la voz del Señor claramente. *Cuando soplaba la brisa fresca de la tarde, el hombre*[1] *y su esposa oyeron al SEÑOR Dios caminando por el huerto. Así que se escondieron del SEÑOR Dios entre los árboles.* (Génesis 3:8, NTV).

Hay quien dice que Eva era más débil que Adán, y que por eso cedió ante la tentación de la serpiente. Pensar así es negar la asombrosa fortaleza emocional y física de la mujer. Las mujeres resisten al dolor de una manera poco común en los hombres. Ellas son capaces de soportar ya sea el dolor del parto, como las penurias de la vida a largo plazo. Tienen la capacidad de seguir adelante bajo las condiciones más desfavorables y perseverar con indoblegable determinación.

Otros dicen que la mujer puede ser engañada más fácilmente que el hombre. No creemos tampoco que esa sea la respuesta. En realidad, pensamos que las razones por las cuales el enemigo acechó en primer lugar a la mujer son otras. Y la belleza de la mujer es una de ellas.

Cuando la Biblia relata la caída de Luzbel nos habla de que era perfecto, "*intachable*" (Ezequiel 28:15, NTV). Era bellísimo, pero esa fue su ruina, porque su corazón se enorgulleció. Anheló para él la adoración que solo le había sido dada a Dios.

> *Se enalteció tu corazón a causa de tu hermosura, corrompiste tu sabiduría a causa de tu esplendor.*
>
> (Ezequiel 28:17, LBLA)

Satanás cayó debido al orgullo que su hermosura le provocó. Desde ese momento, su deseo de venganza hace que intente destruir la belleza de la mujer.

En los cuentos infantiles se ve claramente esta misma persecución. ¿Recuerdas el cuento de Blanca Nieves y el odio de la madrastra, tan solo porque Blanca Nieves era la más bella del reino? La bruja ataca a la bella durmiente, las hermanastras persiguen a la Cenicienta y Satanás quiere destruir la belleza de la mujer. El enemigo la persigue con ferocidad. Su herramienta más eficaz ha sido su misma belleza, que en ocasiones se ha transformado en su mayor enemigo, pues la ha pervertido de tal manera que ha transformado a la mujer bella, digna de ser apreciada y amada, en un objeto sexual que despierta lujuria. Como si fuera un objeto que se usa y se desecha.

La belleza de la mujer ha sido usada por diversos sectores como un arma en su contra. En algunos casos se han malinterpretado las Escrituras, enseñando que ser hermosa, arreglarse o vestirse bien es un pecado, o se han ido al otro extremo, animando a la mujer a que se preocupe solo por su aspecto físico, considerándola casi como un objeto de adorno.

El odio generalmente surge de la envidia y del deseo de ser como el otro. El enemigo odió profundamente a Eva porque ella refleja la belleza de Dios. De cualquier manera, el enemigo busca borrar el reflejo de la belleza de Dios en nuestro mundo. Toda mujer anhela ser la "bella" de alguien, necesita saber que alguien peleará por ella, que es digna de ser amada y deseada. Ella sabe en su interior que fue creada para reflejar la belleza de Dios y con el deseo íntimo de amar y ser amada. Al igual que todo niño sueña con ser un héroe, toda niñita se hace preguntas que no siempre son dichas verbalmente: ¿Soy bella? ¿Alguien me amará? Cuando estas preguntas son contestadas en forma negativa por un padre ausente, que no le da identidad, o por una familia abusiva en la que el maltrato y las palabras ofensivas son la norma, o por un novio que después de acostarse con ella la deja, o por un esposo indiferente, la autoestima de esa mujer sufre terriblemente.

Entonces, Eva reacciona de maneras diversas. Surge la mujer que se caracteriza por ser muy insegura y dependiente. Están las madres que tienden a aferrarse a sus hijos varones; las novias que se centran en sus novios; las solteras que buscan desesperadamente casarse sin importar con quién; y las esposas que, anhelando la atención de sus esposos, se vuelven obsesivas y manipuladoras, resintiéndose por no ser el centro de la atención.

También puede nacer una mujer con tendencia al servilismo y el gran deseo de ayudar a otros, solo para ser apreciada y encontrar la valoración que le falta. Y la Iglesia, lejos de comprender la herida interna de la cual nace esa necesidad, la ha celebrado por considerar sus actitudes como equivalentes a la humildad y al espíritu tierno y sereno que la Biblia pide. Pero la inseguridad, el temor, la dependencia de un hombre, su ansiedad, falta de fe, de gozo y de fortaleza personal van en contra del carácter y la confianza que se debe tener solo en Dios, y muy lejos de ser virtudes, son fallas de su carácter cristiano.

Otro grupo de mujeres, al no encontrar una respuesta afirmativa a su pregunta interior, aprendió a comportarse de una manera masculina. Es su forma de decir: "No me herirán más". Generalmente estas mujeres tienen mucha frustración, resentimiento, amargura e ira interior. A veces las mujeres se "masculinizan" por falta de confianza en que serán aceptadas como tales. Pero no debemos olvidar que la fuerza de la mujer está en su feminidad, no en pretender ser quien no es. Su dignidad está basada en el valor que tiene precisamente por ser mujer, distinta de los hombres e igualmente valiosa, haciendo contribuciones que el hombre no puede hacer, tanto en la sociedad, como en la Iglesia y en la casa, por supuesto.

A un cuarto grupo la falta de valoración hace que empiecen a odiar a los hombres. Se dicen a sí mismas que nunca necesitarán de un varón y que ellas pueden hacerlo todo solas. Desde la perspectiva cristiana, la verdadera dignidad de la mujer no se basa en su habilidad de hacer lo mismo que los hombres, sino en ser hechas a imagen y semejanza del Creador, haciendo precisamente las cosas de maneras diferentes.

Por fin, Dios, el dador de vida otorgó esa característica a la mujer. Por ello, uno de los propósitos de la mujer, determinado por su diseño anatómico, es ser madre. Físicamente fue hecha para recibir la semilla, concebir y llevar a la criatura en su vientre hasta que nazca. Ella tiene un vientre y un útero capaz de concebir y parir hijos. De esta manera, Dios confió a la mujer una función fundamental en la reproducción y supervivencia de la raza humana. Ella es incubadora por naturaleza, y esto no tiene que ver solo con la vida física. Un vientre nunca va a regresar lo mismo que recibió; siempre va a transformar lo que recibe y lo devolverá desarrollado. En realidad, el don de gestación de las mujeres impregna todo su ser. La mujer no solo trae vida física, sino también vida emocional, relacional y espiritual. Por eso, no solamente tiene un vientre (si esa es la palabra correcta) físico, sino uno emocional, mental y espiritual. El propio nombre que Adán le da a la mujer describe en gran parte su propósito: Eva quiere decir la "dadora de vida". La mujer recibe cosas en sí misma, las nutre hasta que maduran y entonces las regresa en forma completamente desarrollada. El ser femenino se enfoca en la transformación de esa semilla que recibió, todo su cuerpo hace un gran esfuerzo, desgastando sus propias fuerzas hasta lograrlo.

En el área física, toma el esperma del hombre en su interior, lo transforma, lo nutre y después de nueve meses lo devuelve como un bebé. Durante ese tiempo, su cuerpo se adapta y cambia para que ese niño pueda crecer y llegar a nacer. Es ella la que da a luz y la que sustenta la nueva vida. Luego, es la madre quien tiene la influencia más importante durante los años formativos de la vida del niño. Por ello, cuando Eva tomó el fruto del árbol, atacó su misma esencia. Ella, la dadora de vida, se transformó en el canal por el cual la muerte entró en el mundo. La muerte, ya sea por la enfermedad, las guerras o el aborto, provienen del enemigo, cuyo propósito es matar y destruir. El Señor dispuso que ella fuera el *ezer knegdo* de Adán, su ayudadora, su socorro, y su salvavidas. Sin embargo, a través del pecado, es ella misma quien introduce la muerte.

La dirección de una madre es elocuente, aunque no diga ni una sola palabra. ¿Quién no ha captado "la mirada" de su madre? ¿Quién no ha sido movido a tomar una decisión por el silencio de una madre, por el ejemplo de una madre o por las lágrimas de una madre? Esa percepción interna de ser un salvavidas hace que para ella la seguridad sea muy importante. De allí que el anhelo de toda mujer sea llegar a tener una casa, por ejemplo, como sinónimo de seguridad.

Con todo lo que hemos dicho, no queremos decir que la mujer no puede ser una guerrera, que no quiere aventura, o que debe ser una persona débil. Tampoco hemos dicho que el hombre no anhela una relación, unidad o intimidad. Lo que hemos dicho es que cada uno de ellos lo hace de manera diferente, reflejando a Dios de manera única. Él busca la aventura para mostrar su valor y su hombría. Ella la anhela para formar parte de un equipo que logre la meta propuesta. La intimidad para ella tiene que ver con compartir sentimientos; para él, con sexualidad. Ella se relaciona con otros hablando; él haciendo algo con sus compañeros. Tal vez él no comunique los sentimientos tanto como ella, pero eso no significa que no los tenga y que no pueda llegar a desanimarse rápidamente.

A pesar de proyectar al mundo una impresión de seguridad, el hombre necesita la admiración y el apoyo de su esposa, de la misma manera en que ella necesita que él le exprese su amor. En el fondo, todos tenemos dos necesidades básicas: el profundo deseo de establecer una relación con alguien y un gran anhelo de libertad. Las mejores amistades y los mejores matrimonios permiten que se manifiesten ambos impulsos. Ese es uno de los secretos de ser uno. Las personas que pueden mantener un matrimonio saludable son las que permiten a su pareja moverse con libertad, y en lugar de mostrarse posesivos, intentan ayudar al otro a desenvolverse y desarrollarse para cumplir su propósito.

También tenemos ansias de libertad y la tendencia a huir cuando nos sentimos atrapados. Por eso uno de los enemigos más grandes del matrimonio es la predisposición para controlar a las personas. Las parejas que han tenido éxito en convertirse los dos en uno lograron conocer el corazón del otro al reconocer sus semejanzas y disfrutar sus diferencias. Eso se llama madurez.

Jesús nos mostró una clave que es para todas las relaciones, pero, sobre todo para el matrimonio. La expresa el apóstol Pablo con las siguientes palabras:

> *No mirando cada uno por lo suyo propio, sino cada cual también por lo de los otros. Haya, pues, en vosotros este sentir que hubo también en Cristo Jesús.*
>
> (Filipenses 2:4-5)

¿Cómo se logra esto? Solamente por la fuerza del amor. *El amor no perjudica al prójimo. Así que el amor es el cumplimiento de la ley* (Romanos 13:10, NVI). Esta es la norma general para cada creyente en relación con cualquier otro ser humano y, por supuesto, debe ser la norma particular con la que se mida cualquier acto de un esposo con su esposa, del padre hacia sus hijos y de los hijos hacia sus padres.

Me sorprende cómo podemos usar ese texto para cualquier persona y, sin embargo, cuando tratamos sobre la relación de una pareja matrimonial, muy pocas veces se enseña. Es un amor que se manifiesta más en hechos que en palabras.

> *En esto conocemos lo que es el amor: en que Jesucristo entregó su vida por nosotros. Así también nosotros debemos entregar la vida por nuestro prójimo (¿quién es más próximo que el esposo o la esposa?). Si alguno ve a su prójimo padeciendo necesidad y no siente el impulso de satisfacerla con sus bienes, ¿cómo podrá decir que el amor de Dios vive en él?* (1 Juan 3:16-17, NVI, parafraseado)

Conocemos el caso de muchos esposos que no comparten con sus esposas el dinero que ganan, y las hemos visto a ellas pasar necesidad económica, buscarse hasta el último centavo para comprar un par de medias. ¿Es eso amor? *Queridos hijos, no amemos de palabra ni de labios para afuera, sino con hechos y verdad* (1 Juan 3:18, NVI). La característica principal de este amor es darse. Si amamos a Dios nos damos a Él, le damos todo lo que tenemos: nuestro tiempo, nuestra fuerza, nuestro dinero. Lo damos sin que nos cueste porque al que ama no le cuesta dar. Si amamos a nuestro esposo o esposa, debemos darnos a él o ella.

> *Y él le dijo: Amarás al Señor tu Dios con todo tu corazón, y con toda tu alma, y con toda tu mente. Este es el grande y el primer mandamiento. Y el segundo es semejante a este: Amarás a tu prójimo como a ti mismo. De estos dos mandamientos dependen toda la ley y los profetas.*
>
> (Mateo 22:37-40, LBLA)

¿De qué manera estás reflejando la imagen de Dios? Hoy es tiempo de preguntarte si los que viven a tu lado pueden ver a Dios a través tuyo.

5

¿DE VENUS O DE MARTE?

Uno de los libros más vendidos sobre la pareja es *Los hombres son de Marte y las mujeres son de Venus*. Se basa en la suposición de que los hombres vivían en Marte y hablaban marciano y las mujeres en Venus, hablando venusino. Un día ellas tomaron una nave y fueron a otro planeta llamado Tierra. Ellos también lo hicieron y se encontraron allí, pero no hablaban el mismo idioma, por lo que no podían entenderse. Con el tiempo se olvidaron de que venían de dos mundos diferentes y de que hablaban dos idiomas distintos, y se enojaron el uno con el otro porque no se entendían. Se volvieron enemigos.

De la misma manera, la pareja que fue creada por Dios para completarse y formar un equipo, entendiéndose y apoyándose mutuamente, habla hoy en dos idiomas diferentes y al no comprenderse, se frustra y enoja. Olvidando su origen y el designio de Dios, han caído en la trampa de mutuas acusaciones, cambiando la relación de amistad que debía existir entre ellos por rivalidad y competencia, y han roto así el plan original del Creador, el de volver a *ser uno*.

Demasiado pronto olvidamos que somos diferentes, y que justamente esas diferencias hicieron que nos enamorásemos el uno del otro. Por ello, es fundamental conocer y entender la naturaleza de ambos sexos, empezando por las de género, si no lo hacemos, ambos sentirán que sus necesidades no son satisfechas por su cónyuge. La mayoría también se cree incapaz de satisfacer completamente el corazón masculino o femenino, y, de hecho, no puede hacerlo partiendo desde su visión, porque los deseos de cada uno son satisfechos de forma diferente, ¡ya que ellos mismos son diferentes!

Por supuesto que no nos referimos a que tú hables en chino y tu cónyuge en alemán, pero los cierto es que las palabras tienen significados diferentes para hombres y mujeres, por lo que la comunicación es uno de los problemas más grandes entre la pareja. Poco a poco dejan de intentar entenderse y caen en el juego de la suposición, el sarcasmo, la ofensa y el silencio. Y lo que no se habla no se resuelve. La originalidad de la mujer es la más grande atracción para un hombre, decía el Dr. Ed Louis Cole,[1] pero también su mayor desafío.

¿Recuerda usted la historia de la Torre de Babel? Ellos estaban construyendo una torre que llegara al cielo y el Señor quería parar la construcción de ese proyecto. ¿Cómo hizo Dios para impedir que cumplan lo que se habían propuesto? ¿Les quitó los martillos? ¿Les quitó sus cinceles? ¿Les quitó los planos de construcción? No, Él les quitó la habilidad para comunicarse entre sí. Cuando hizo eso, el proyecto de la torre se vino abajo. Porque la comunicación es la clave para ser uno.

MANERAS DE COMUNICARNOS

Por supuesto que la palabra no es la única manera de comunicarnos. La comunicación no verbal es importantísima. Un estudio sobre la comunicación dentro de la familia revela que solo en 7% de la comunicación se hace con palabras; en cambio, el 38% se logra con el tono de la voz y el 55% con expresiones del rostro, gestos y movimientos del cuerpo.

Los "mensajes sin palabras" se envían con los ojos, levantando las cejas, con gestos de la cara o movimientos de las manos. La posición del cuerpo y la manera de sentarse son también mensajes. El simple hecho de tocarse, de un abrazo, en ocasiones vale más que los argumentos lógicos para lograr el acercamiento. Las palabras solas no satisfacen las acciones. Eso es lo que Jesús dijo en Juan 15:14: *Vosotros sois mis amigos, si hacéis lo que yo os mando.*

Veremos luego en el capítulo sobre la verdadera intimidad unas formas más profundas de comunicación. Por ahora, enfoquémonos en el lenguaje.

¿Sabía usted que el primer uso de la palabra no fue para comunicar, sino para crear? La Biblia dice que Dios creó la tierra con la palabra. *Y dijo Dios: Sea la luz; y fue la luz... Luego dijo Dios: Haya expansión en medio de las aguas, y separe las aguas de las aguas* (Génesis 1:3, 6). Así de poderosa es la palabra salida de la boca Dios. Las palabras son la herramienta más importante que Dios nos ha dado. El libro de los Proverbios dice: *La muerte y la vida están en poder de la lengua* (Proverbios 18:21)

Pero en el libro de Santiago se nos recuerda que a veces tenemos momentos difíciles con nuestras lenguas. Santiago 3:2, 6, 10: *Porque todos ofendemos muchas veces. Si alguno no ofende en palabra, este es varón perfecto, capaz también de refrenar todo el cuerpo... Y la lengua es un fuego, un mundo de maldad... De una misma boca proceden bendición y maldición.* Creo que todos hemos experimentado esto.

¿Tienes idea del poder que poseemos de edificar las vidas de las personas con algunas pocas palabras? Podemos dar ánimo en la vida de alguien con simplemente decir: "¡Buen trabajo!". Podemos edificar puentes con alguien con solo decir palabras como: "Lo siento", "¿Podrías perdonarme?"; dar esperanza para el futuro o inyectar energía para el presente con palabras como "Te amo".

En algunos matrimonios reina el monólogo. Se escucha una sola voz y la otra queda reducida al silencio. Pero no olvides que el monólogo es en realidad la conversación del egoísmo. En otros se escuchan demasiadas voces simultáneamente. Pero el hecho de que más de uno hable no garantiza el diálogo. Pueden ser varios monólogos al mismo tiempo. También existen personas que hablan sin pensar, faltos de prudencia y sabiduría que generan muchos conflictos con sus palabras. De allí que sea tan importante escoger el momento apropiado para decir algo. *¡Qué grato es hallar la respuesta* *apropiada, y aún más cuando es oportuna!* (Proverbios 15:23, DHH). ¡Aprendamos a ser prudentes!

¿CÓMO ESTOY UTILIZANDO MIS PALABRAS?

Recuerda que las palabras son poderosas. Las palabras pueden edificar o destruir. Las piedras y los palos pueden quebrar huesos, pero las palabras pueden destruir el corazón de un niño, los sueños de un esposo, el amor de una esposa. En realidad, una familia se construye con palabras. "La fe muere cuando los hombres rehúsan a comunicarse con Dios. De la misma manera, el amor muere cuando una pareja no se comunica entre sí", dice el doctor Ed Cole.

El silencio también es peligroso. Puede ser indicio de falta de interés, hostilidad o aburrimiento. Cuando un matrimonio no se habla, el resultado es la amargura. Si uno de los dos no habla, poco a poco el otro dejará de intentarlo, como decía alguien con relación al teléfono: "Si uno marca el número varias veces, y siempre suena ocupado, simplemente deja de marcarlo". Por eso hay parejas en las que dejan de hablar sobre "ciertos temas". Y al final, el resentimiento los aísla. Se levantan murallas. Esta situación se disimula prendiendo el televisor y encerrándose cada uno en su pequeño mundo privado. La simple disposición a comunicarse abiertamente es parte de la solución al problema.

Aprender a balancear la verdad con el amor es todo un reto, pero es el consejo de la Biblia. Efesios 4:15 dice: *Más bien, profesando la verdad en el amor, debemos crecer en todo hacia Cristo* (DHH). Hay algunas personas que utilizan la verdad como si fueran misiles. Ellos no te dicen la verdad; te la echan en la cara.

Pero Dios no solo nos exhorta a no hablar malas palabras, también nos dice que nuestras palabras deben ser de edificación para los demás. *Eviten toda conversación obscena. Por el contrario, que sus palabras contribuyan a la necesaria edificación y sean de bendición para quienes escuchan* (Efesios 4:29, NVI). Palabras corrompidas son palabras negativas. Cambia tu manera de hablar. Habla con tu cónyuge y tus hijos para que sean edificados, no para destruirlos. *Eviten toda conversación obscena. Por el contrario, que sus palabras contribuyan a la necesaria edificación y sean de bendición para quienes escuchan.* (Efesios 4:29, NVI).

La comunicación incluye escuchar verdaderamente, pero resulta que tenemos nuestro comentario formulado y listo antes de haber escuchado bien lo que dice la otra persona. Lo que generalmente sucede es que, cuando el cónyuge entabla un diálogo, empezamos a pensar cómo responder y dejamos ya de escuchar. Pero la Biblia dice: *Todo hombre sea pronto para oír, tardo para hablar, tardo para airarse* (Santiago 1:19).

El mejor regalo que podemos hacer al que habla es ofrecerle nuestra atención. Jesús dice seis veces en los evangelios: "El que tiene oídos para oír, que oiga". Pero la verdad es que el egoísmo hace que nos mantengamos aferrados a nuestras ideas sin dar la oportunidad al otro. Sin embargo, si queremos llegar a ser uno, un buen matrimonio, debemos aprender cuándo hablar y cuándo callar. Ese es parte del secreto.

PARA MEJORAR LA COMUNICACIÓN

Comuníquese con Dios y hágalo parte de su matrimonio. Oren juntos. El tiempo de oración de una pareja puede llegar a ser el momento en que más intimidad tengan. Así lo expresa el doctor Ed Cole: "Uno es íntimo de aquel a quien ora, de aquel con quien ora y de aquel por quien ora".

Escúchese a usted mismo. Escúchese hablando con su cónyuge, con su madre, con los niños. Puede grabarse a usted mismo y analizar cómo habla. Se llevará algunas sorpresas el día en que lo haga. Puede ser que en lo dicho anteriormente encuentres la respuesta al porqué tu cónyuge o tus hijos quieren huir de tu casa, o estén deprimidos o simplemente se encierren en su propio mundo.

Evita la crítica. Esta es una manera de comunicación que aleja a la pareja, pues cada vez que criticamos al cónyuge lo que en realidad le estamos diciendo es: "Yo soy superior". La crítica puede ser disimulada a través de bromas. Buscar defectos es otra forma de criticar, veo mucho de esto entre parejas que dicen: "Es una crítica constructiva, por tu bien", pero en realidad están destruyendo al otro. *Hay hombres cuyas palabras son como golpes de espada; mas la lengua de los sabios es medicina* (Proverbios 12:18).

El sarcasmo o los comentarios mordaces son otra manera de criticar. El sarcasmo es como un puñal que se clava en el corazón. Lo opuesto a la crítica es el elogio. Seamos generosos con el elogio al cónyuge y no justifiquemos la crítica. La clave está en respetar y escuchar lo que la otra persona está expresando, no es necesario estar de acuerdo para validar los sentimientos u opiniones. Las palabras amables levantan a quienes nos rodean, y son tan escasas en este mundo que se pueden considerar un tesoro. *La lengua amable es un árbol de vida; la lengua perversa hace daño al espíritu* (Proverbios 15:4, DHH)

Por lo regular usamos el ejemplo de la mujer descrita en Proverbios 31 para que sirva como modelo a todas las mujeres. Sin duda, es el tipo de mujer que todos los esposos querrían; la mujer perfecta.

MUJER VIRTUOSA, ¿QUIÉN LA HALLARÁ?

Pero no analizamos a la familia de esta mujer, sobre todo a su marido, quien era un hombre que respetaba a su esposa, le permitía tener sus propias actividades y generar sus propios ingresos. Al final del capítulo hay unas pocas palabras que nos dan la explicación de por qué esta mujer era tan especial. Proverbios 31:28-29 dice: *Se levantan sus hijos y la llaman bienaventurada; y su marido también la alaba: muchas mujeres hicieron el bien; mas tú sobrepasas a todas.* El esposo y los hijos de la mujer apreciaban su trabajo, la alababan delante de todos y la consideraban como la mejor mujer del mundo. ¡Por supuesto que esta mujer tenía la motivación suficiente para seguir siendo todo lo que era!

No invalide el sentimiento de su cónyuge. El invalidar los sentimientos o acciones de los otros empequeñece a los demás. No reconocer los esfuerzos de quienes nos rodean es una de las más grandes formas de desmotivar: el ama de casa que se ha esmerado en cocinar una comida especial para su familia y nadie da crédito a su trabajo, no querrá volver a esforzarse. La invalidación daña la autoestima de aquel cuyos sentimientos u opiniones son ignorados. La invalidación hiere, conduce de manera natural a encubrir lo que uno es, porque parece arriesgado mostrar los sentimientos.

Hay varias formas de invalidación: cuando no le damos la importancia a lo que sucede al otro; cuando la persona está esperando un elogio por algún acto positivo que es pasado por alto, en tanto que algún problema menor es recalcado.

Las pequeñas cosas, las pequeñas bondades son importantes; de igual forma las pequeñas asperezas y faltas de respeto. En una relación, las cosas grandes son las cosas pequeñas. *Atrapen las zorras, las zorras pequeñas que arruinan nuestros viñedos, nuestros viñedos en flor* (Cantares 2:15, DHH). Por lo general, los adultos invalidamos los sentimientos y las opiniones de los niños, lo que trae consigo frustración.

Aprenda a escoger el momento oportuno para hablar del tema preciso. Dice Proverbios 15:23: *¡Qué grato es hallar la respuesta apropiada, y aún más cuando es oportuna!* (Proverbios 15:23, DHH). No se trata de dejarse llevar por las emociones sin reflexión alguna. El dominio propio debe funcionar en la comunicación de manera apropiada. Busquemos el momento adecuado para el tema específico. Y tengan mucho cuidado con la escalada, que es uno de los problemas más grandes en la comunicación: uno grita, el otro grita más, las cosas suben de tono, entonces se dicen cosas que hieren y dañan. *La blanda respuesta quita la ira; mas la palabra áspera hace subir el furor* (Proverbios 15:1)

Hable verdad. La verdad es uno de los valores más valiosos de la vida. Proverbios 20:6 dice: Muchos hombres proclaman cada uno su propia bondad, pero hombre de verdad, ¿quién lo hallará? Un hombre íntegro, honesto, confiable, ¿es fácil de encontrar? No, es tal como la Biblia dice: ¿quién encontrará a este tipo de hombre?

Al continuar leyendo el siguiente versículo encontré la respuesta a muchos problemas de los jóvenes de hoy: *Camina en su integridad el justo; sus hijos son dichosos después de él* (Proverbios 20:7). Para que los hijos y la familia sean dichosos se necesita un hombre íntegro, de verdad, responsable y fiel. La confianza es uno de los elementos indispensables para un matrimonio. Saber que has dado tu palabra y no guardarla, es vivir en mentira. Necesitamos meditar sobre las palabras que decimos, qué votos hemos hecho a Dios para luego no incumplirlos; qué promesas a nuestra pareja no hemos guardado y arrepentirnos por ello. Decir medias verdades es decir mentiras completas. Efesios 4:25 dice: *Por lo cual, desechando la mentira, hablad verdad cada uno con su prójimo.*

No cumplir las promesas es una forma de mentir. Cuando se hace una promesa y no se cumple, en realidad se ha dicho una mentira. *Lazo es al hombre hacer apresuradamente voto de consagración, y después de hacerlo, reflexionar* (Proverbios 20:25). La falta de verdad conduce a la falta de respeto. "Cuando una mujer no puede confiar en la palabra de su esposo, tampoco querrá llevar su apellido", decía el Dr. Ed Cole.

Ensaye comprender; y después ser comprendido. Procurar primero comprender es el principio que debemos manejar en todas las áreas de la vida, sobre todo en la relación conyugal. La empatía no es simpatía. Si bien la simpatía es una forma de acuerdo, la esencia de la escucha empática no consiste en estar de acuerdo; consiste en comprender profundamente a la otra persona. *No juzguéis, y no seréis juzgados; no condenéis, y no seréis condenados; perdonad, y seréis perdonados. Dad, y se os dará; medida buena, apretada, remecida y rebosando darán en vuestro regazo; porque con la misma medida con que medís, os volverán a medir* (Lucas 6:37-38).

La verdad es que los esposos nunca han tratado de caminar en zapatos de tacón alto, ni entienden cuánto pesa un embarazo. Hay muchísimas situaciones en las que el hombre entiende muy poco, aunque se trate de la mujer con quien comparte la vida. Y ellas tampoco lo entienden todo respecto de ellos, por supuesto.

Cuando haya un desacuerdo debemos pensar: ¿qué es mejor, tener la razón o mantener la unidad? Recuerden que cuando un miembro de la pareja gana una discusión, ambos pierden.

6

EXPECTATIVAS

Algo fundamental antes de iniciar cualquier proyecto es hacer un *presupuesto*. Tal como lo dijo Jesús, siempre es preciso calcular los gastos de la edificación. Así que, para evitar pérdidas, ¡hay que hacer un presupuesto! Lucas 14:28: *Porque ¿quién de vosotros, queriendo edificar una torre, no se sienta primero y calcula los gastos, a ver si tiene lo que necesita para acabarla? No sea que después que haya puesto el cimiento, y no pueda acabarla, todos los que lo vean comiencen a hacer burla de él, diciendo: Este hombre comenzó a edificar, y no pudo acabar.* Y es en este punto básico donde muchos fallan en lo que al matrimonio se refiere. Porque según las estadísticas, aproximadamente el 50% de los matrimonios no pueden acabar el viaje que emprendieron porque no tienen claro ni el costo, ni el trabajo, ni siquiera sus expectativas respecto a ese matrimonio.

Nosotros no sabíamos nada de eso cuando nos casamos. ¡Simplemente nos amamos y ya! Pero ¿cuánto cuesta un matrimonio? ¡Ni lo pensamos! La falla inicial está allí. Esas bodas llenas de detalles bonitos deben tener un presupuesto. Por nuestro "trabajo" continuamente somos participes de la forma en como las parejas planean todos los detalles para una boda. El local, el menú, las flores, el vestido, los invitados, la música y todo lo demás. Pero se detienen muy poco o nada en el *costo del matrimonio*. Pero aún más importante que el presupuesto de la boda, debe presupuestarse el matrimonio. Parece que olvidamos que la boda es un evento; pero el matrimonio como tal es un proceso.

¿Cuánto invertirás en ese proyecto de tu vida? ¿Qué estás dispuesto a poner y qué quieres sacar de él? Esas son las expectativas de las que muy pocas veces estamos conscientes y menos las hablamos o planificamos.

(AÍDA)

Cuando estábamos de novios, Jimmy me llevaba serenata con mucha frecuencia, podría decir que todos los fines de semana. En ese entonces se usaba que fueran los muchachos, junto con sus amigos, al pie de la ventana de la novia y cantaran canciones románticas. Eso significaba que el sereno se repetía en la misma cantidad de casas de cuántos amigos estaban. Era muy romántico escuchar a medianoche el sonido de la guitarra y las voces cantando canciones de amor.

Cuando nos casamos, él seguía dándome sereno con la misma frecuencia… pero ahora ya no me gustaba nada. No me había dado cuenta de que cada serenata incluía una salida con amigos, bebida… y llegada a casa de madrugada. Lo que de soltera me agradaba, de casada fue un verdadero problema. Tenía una expectativa irreal.

Hace unos días hablé con la esposa de un médico. Ella se quejaba de que su esposo no descansa el fin de semana porque los pacientes lo llaman, aun en la noche. Pero ella se casó con un estudiante de medicina, y esa es la vida del médico. Simplemente no puedo visualizar el futuro que ya estaba previsto. Entonces mi pregunta es: ¿cómo pensabas que iba a ser tu matrimonio? Parece que, en la mayoría de los casos, la pareja llega al altar con expectativas poco razonables. Por ejemplo, ¿sería razonable esperar que tu cónyuge nunca estuviera seriamente en desacuerdo contigo? Claro que no. Sin embargo, te sorprendería cuántas personas esperan esto. ¿Es razonable esperar que una vez que se hayan casado, tu pareja abandone todo contacto con los viejos amigos? Algunas personas esperan que esto suceda, pero claro está, eso no es realista. Hay quienes dicen que las mujeres se casan esperando que ellos cambien, y que los hombres se casan pensando que ella nunca va a cambiar. Ambos se equivocan.

Todos tenemos tendencia a suponer que nuestro modelo de matrimonio ideal (conformado por la suma total de nuestras expectativas) es el mismo que el de nuestro cónyuge. Al constatar que cada uno ve el mundo de otro color, surgen desavenencias en las que no habíamos pensado antes de casarnos. Entonces queremos cambiar al otro, ¡y no podemos hacerlo!

Nos falta aceptación. De esta presión suele surgir frustración, y por ello muchos expresan a su cónyuge: "¿Qué más quieres? He dado lo que tengo, pero nunca es suficiente". El esposo o la esposa piensan que nunca alcanzarán los estándares debidos para tener un matrimonio exitoso. La frustración y la desesperanza nacen de la incomprensión y el desconocimiento de las diferentes necesidades de los hombres y las mujeres. Por tanto, es preciso recordar nuevamente que somos iguales en sustancia y valor delante de Dios, pero diferentes en esencia. Las diferencias entre lo masculino y femenino deben ser entendidas desde la perspectiva de la Palabra de Dios.

Las expectativas también surgen de nuestro modelo de crianza, de las experiencias anteriores y de la influencia del pasado.

(JIMMY)

Nací en Guayaquil, soy el tercero de tres varones y tengo una hermana menor. Mi papá murió en un accidente de aviación cuando yo tenía dos años. Mi hermano mayor tenía cuatro; Mario, el segundo, tenía tres; y Priscilla, la menor, tenía apenas un año. Mi mamá solo tenía 22. Aunque recién habíamos ido a vivir a Quito, mi mami sintió que no podía volver a Guayaquil por los recuerdos que le traería volver a los lugares en los que compartió con mi padre, entonces nos quedamos en Quito. Luego vinimos a vivir en Cuenca; después de nuevo a Quito; luego a Guayaquil. Estuve en tantos colegios que ni recuerdo. Eso me ha ayudado a hacer amigos con facilidad y vencer toda timidez. Pero también me ha creado mucha inseguridad. No me gustaba estudiar, me aburría en clases y muchas veces me salía. Cuando estaba en segundo curso, mi mamá me descubrió metiéndome por la ventana del baño después de que había salido ya con el uniforme para ir al colegio. Quería cambiarme de ropa para ir a pasear. Me mandó entonces a un internado en Huigra, un pequeño pueblito perdido en la sierra ecuatoriana, al que se llegaba únicamente por tren. Aunque ella pensó hacer lo mejor, fue un tiempo terriblemente duro, pues era casi un reformatorio y, en realidad, aunque yo era un joven indisciplinado, fue allí donde vi por primera vez cómo otros se drogaban, bebían y hacían muchas cosas. Así que me escapé del colegio; y a partir de ese momento no viví con mi mamá sino esporádicamente, pues me fui a Guayaquil a donde vivía mi tía. Desde Huigra, nunca más mi familia estaba completa, pues mi hermano mayor ya no volvió a vivir en Guayaquil con mi mami, sino que de Quito se fue a estudiar a Cuenca. Él tenía 17 y yo 15.

Hace poco, Aída y yo fuimos a Huigra. Regresé al colegio y todos los recuerdos galoparon en mi cabeza. Todo estaba igual. La vieja piscina vacía, el comedor, el patio y los dormitorios. El actual director nos invitó a almorzar. Aun el sabor de la comida era el mismo. Entonces lloré y cerré esa puerta para siempre.

Cuando murió mi padre, yo tenía apenas dos años, y mi mamá solo 22 años. Creo que aún con la mejor de las intenciones, ella se equivocó al asumir la posición de "padre y madre", porque entonces no solo perdimos al padre, sino también a la madre. Cuando fui creciendo, sobre todo en mi adolescencia, yo busqué figuras masculinas que me pudieran mostrar cómo era un hombre. Así encontré una serie de modelos en mis tíos, en los padres de mis amigos y en amigos mayores. Por lo general, esos modelos eran negativos, hombres alcohólicos, muy violentos o pasivos que no sabían guiar su hogar. Así que cuando me casé, repetí esos modelos.

Al nacer Xavier, no supe ser el padre que él necesitaba. Aunque lo amaba con todo mi corazón, no sabía cómo debía cuidarlo o disciplinarlo o amarlo. Entonces repetí el modelo que había visto en mi casa: gritos, castigo y violencia. A esto añádele las figuras de otros hombres que solo pensaban en la borrachera, los amigos y la fiesta. Lo peor es que estaba repitiendo el modelo para que mi hijo viera "lo que es ser un hombre". Me acuerdo una vez cuando Xavier tenía unos 5 o 6 años, había invitado a su primo Esteban a dormir en la casa y yo llegué borracho. Entré al cuarto de Xavier, donde ellos estaban jugando, y de un puñetazo rompí la puerta del armario. No había provocación alguna, ni estaba enojado con él. Solo quería enseñarles a mi hijo y a mi sobrino cuál era "la fuerza de los Cornejo". Estoy seguro de que esa imagen quedó grabada en sus mentes: para ser un hombre, digno de mi papá, debo tener un buen puño y ser una persona violenta. Hace poco hablamos con ellos sobre ese tema, y me cuentan que después de que yo salí, trataron de romper la puerta con sus manitas, hasta que les dolieron sus pequeños puños. Esa misma enseñanza se repetía en casas de mis amigos, tal vez no con puños, pero hay padres que les enseñan a los hijos varones a hablar malas palabras "para que hablen como un hombre"; o les impiden llorar, y cuando lo hacen, les gritan que "los hombres no lloran". He visto padres patear a sus hijos "porque así es con los hombres"; he visto padres que los humillan y roban la autoestima de sus hijos, en lugar de afirmarlos, de darles un destino y una identidad.

(AÍDA)

Por otro lado, yo soy la quinta de cinco hijos, la "bebé" de la casa. Mis papás dicen que cuando yo venía en camino, ellos anhelaban una mujercita, pues tenían ya tres varones y solo una niña. Mi papá y mi mamá cumplieron 65 años de casados antes de que ella muriera, y vivieron en la misma casa desde que yo tengo memoria.

Nací en Cuenca, mi casa estaba en el campo y viví allí toda mi vida, desde que nací hasta que me casé. Estudié en el mismo colegio desde el preescolar hasta sexto curso. Eso me da seguridad, pues sé a dónde pertenezco; pero también me dificulta hacer nuevos amigos, moverme fuera de mi entorno conocido.

El modelo de familia de ambos era muy diferente. Jimmy no conocía el modelo de un padre, ya que era huérfano a partir de los dos años. En cambio, mi padre hacía muchas cosas por nosotros. Por ejemplo, era él quien nos despertaba en la mañana y se levantaba a desayunar con nosotros, nos llevaba al colegio o se levantaba en la noche cuando estábamos enfermos. Así que, inconscientemente, yo esperaba un esposo que cumpliera esas responsabilidades. Pero para Jimmy, era su mamá quien se hacía cargo de todas las cosas; ella manejaba los hijos y la casa.

Mi papá hacía panqueques cada domingo para el desayuno, pero en la casa de mi esposo, los hombres no ayudaban en la cocina. La idea básica en su familia, sin que sea muy consciente de ella, es que una mujer debía saber cocinar, tener linda la casa y, por supuesto, todo en orden.

Mi papá, en cambio, ha sido una figura muy importante en la familia, aunque viajaba mucho por su trabajo. Mi mamá no le daba tanta importancia al orden y a la disciplina, pero sí al estudio y a la responsabilidad, así que se me inculcó desde pequeña la importancia del estudio y la lectura. Aunque era "molestosa" en el colegio, siempre fui buena estudiante. El impulso en nuestro hogar fue siempre para que estudiáramos y tuviéramos una profesión.

Como lo dije, en nuestra casa, el orden no era lo más importante; la lectura sí. Eso aún se refleja en nuestro dormitorio, donde mi velador está lleno de libros y desorden, pero el de Jimmy siempre está ordenado. Esa diferencia ha generado muchas dificultades como pareja, y hasta hoy en ocasiones. Añadamos a eso las diferencias de carácter. En realidad, somos como el agua y el aceite. Mi esposo es un sanguíneo que le encanta la gente, la risa y la fiesta; yo soy más seria y hasta un poco tímida. Él es un soñador; yo soy realista y reflexiva. Lo analizo todo. Él, en cambio, es muy espontáneo y transparente. De hecho, sus fortalezas son mis debilidades, y viceversa. Por todo esto tuvimos grandes desacuerdos cuando nos casamos.

No creo que terminaríamos estas enseñanzas si no enumeramos las diferentes expectativas que trajimos al matrimonio, muchas de ellas basadas en los paradigmas que la sociedad nos había impuesto. Y, siendo honestos, también la iglesia, pero no Dios.

Luego de la frustración por expectativas insatisfechas, surge la desesperanza. Y así, las parejas dejan de luchar. Y es que uno de los mayores problemas en un matrimonio son las expectativas insatisfechas y la poca preparación que se tiene al iniciar un hogar. Así, hombres y mujeres se conforman o buscan en otra persona la valoración que no encuentran en su cónyuge. Nosotros hemos estado en este punto, sin comprendernos el uno al otro, frustrados y pensando si el divorcio no sería la mejor opción.

UNIDAD NO ES UNIFORMIDAD

Dios ha creado a cada persona única y especial. Él nos acepta y nos ama con nuestras diferencias. Respetar los sentimientos, los gustos, la manera de ser del otro es muy importante, puesto que, además de nuestras diferencias de género, el estilo de familia de la que cada uno proviene es diferente, al igual que sus experiencias en la vida y el temperamento propio de cada persona. La verdad es que no podemos obligar a la otra persona a cambiar. Somos diferentes por el solo hecho de ser hombres y mujeres. Las diferencias de género no solo son físicas, sino también emocionales y espirituales. Dependen también del modelo de familia y de crianza, de temperamento, sueños y carácter. Si no comprendemos esta verdad, no solo tendremos una visión incompleta de Dios, también las relaciones entre esposo y esposa se tornarán cada día más difíciles.

Sin embargo, hay algo peor que tener expectativas diferentes, y es no comunicarlas al cónyuge. Suponemos que nuestro cónyuge sabe lo que nosotros queremos, y no nos tomamos la molestia de decir claramente lo que necesitamos. El que tiene una expectativa insatisfecha puede sentir que su pareja no se interesa porque no ha descubierto sus anhelos o sus sueños. Cuando las expectativas claves no son "leídas" por un cónyuge, es fácil que se desencadenen puntos de conflicto ocultos. Muchos sienten que, si necesitan expresarlo, algo anda mal. Más aún, piensan que, si lo expresan, y su cónyuge responde positivamente, el resultado no es significativo. Ellos dicen: "Si tengo que pedir un abrazo, entonces realmente no significa mucho cuando lo recibo". ¡Eso no es cierto! Cuando pides algo y tu cónyuge responde, esa es una evidencia de amor y compromiso para contigo.

En el campo sexual, a menudo, existen supuestos insensatos. ¿Cuántas personas manejan el supuesto de que su cónyuge debería saber exactamente lo que le resulta más placentero sexualmente? Una esposa puede resentirse o enojarse porque su marido no satisface un deseo o una expectativa. Pero la mayoría de las veces, la expectativa nunca ha sido expresada. Eso es como pedirle al esposo que sepa leer la mente.

La cosa es que, la mayoría de las personas no sabe qué espera su cónyuge de él o ella, puesto que una gran cantidad de esas expectativas ni siquiera son conscientes, sino que están basadas en experiencias de nuestra infancia. Y no solo eso, lo cierto es que la mayoría de las parejas se casan sin una visión clara de lo que esperan para su futuro. El hecho es que muchos no se conocen a sí mismos y no entienden por qué actúan de tal o cual manera.

Es necesario, en primer lugar, saber quiénes somos como hombres o mujeres, nuestra identidad como personas, cuál es nuestro rol en la familia, basados en el concepto bíblico y no en nuestro propio modelo, y aprender a reconciliar esas diferencias.

Muy rara vez en el noviazgo se hablan de temas tales como la manera de educar a los hijos, la fe que se profesa, las relaciones con la familia política o el manejo del dinero. Todos estos temas son trascendentales para que el matrimonio permanezca. En ocasiones, ni siquiera somos conscientes de qué es lo que esperamos de nuestra pareja, entonces, ellos tampoco saben cómo satisfacer las necesidades del otro. "El problema no está en lo que encontramos, sino en lo que esperábamos encontrar", dice el Dr. Cole[2]. Un importante indicio de que tenemos expectativas insatisfechas es la desilusión. La pareja necesita tomar tiempo suficiente para conocer sus sueños, sus deseos y expectativas.

(AÍDA)

Nunca le dije a Jimmy que yo esperaba que él me ayudara con los niños cuando estaban enfermos en la noche. Lo cierto es que ni siquiera había pensado en que esa era una expectativa que no satisfizo hasta ahora, y es que la mayoría de las veces no sabemos lo que esperamos. Él tampoco me dijo a mí cómo esperaba que fuese nuestro hogar. No teníamos idea de las diferencias que teníamos en cuanto a la crianza de los hijos, por ejemplo.

Tal como lo dijimos, empezamos muy mal este matrimonio, sin la bendición de los padres, sin dinero, sin nada para iniciar. Yo era una niña mimada que de pronto se vio fuera de su urna de cristal. Había estudiado en un colegio de monjas toda mi vida; pero ahora debía ir a un colegio nocturno. Un par de meses después nació Xavier prematuramente. Cuando nació no tenía nada, y ni siquiera estaban mis papás a mi lado. La gente que llegaba a visitarnos traía ropa usada de sus hijos. El moisés que usó fue prestado. Fueron tiempos difíciles para mí, que estaba acostumbrada a tenerlo todo.

Cuando Xavier tenía 6 meses, fuimos a vivir a Guayaquil. Entonces no solo salí de mi burbuja, sino que me tocó vivir en un medio diferente al que estaba acostumbrada y sin la protección de mi familia. Entonces Jimmy trabajaba todo el día, no venía para el almuerzo, y yo pasaba mucho tiempo sola con Xavier. ¿Sabía en ese entonces mi esposo lo difícil que era ese tiempo para mí? Probablemente no. Así que ambos pensábamos que las peleas y discusiones que teníamos eran por cosas del momento, sin comprender la raíz de ellas. Luego regresamos a vivir en Cuenca. En ese momento, aunque yo no lo sabía, ya venía Rossana en camino. Probablemente esa fue una de las épocas más difíciles de mi vida porque una vez más estaba sola. ¿Dónde estaba mi esposo? De fiesta en fiesta y, sobre todo, bebiendo. Mi papá jamás había bebido y siempre estuvo allí para nosotros.

Rossana nació prematura también y con un problema en el corazón llamado estenosis pulmonar. Un año y medio después, vino Verónica. Las cosas en casa no habían cambiado mucho. Ahora eran tres niños, pero la misma soledad, esa sensación de que yo era la que estaba a cargo. Tuvimos que operar a Rossana cuando tenía 2 años 10 meses. Fue tan triste pensar que la podíamos perder. En este tiempo no pudimos, o no supimos, ser apoyo el uno del otro. Por la gracia de Dios, ella salió bien y nosotros continuamos la vida. De fiesta en fiesta, bebida, soledad, infidelidad, risa por fuera, vacío por dentro, vivimos de crisis en crisis. Llegó un momento en que yo no quería, no me importaba que mi esposo llegara pronto. Prefería estar dormida cuando llegara... nos habíamos alejado demasiado.

Mentiría si te dijera que eso fue así hasta que conocimos a Jesús y su Palabra; que de allí en adelante todo fue color de rosa, que el mundo se arregló y nunca más tuvimos un problema. Después de que aceptamos a Jesús, comenzó un camino nada fácil. Nos ha costado años y años que este matrimonio funcione. Se trató de un proceso, de un aprendizaje, de mucho trabajo, de ceder derechos, de tratar, de practicar, de perdonar y pedir perdón.

Cuando estás desilusionado con tu esposo o esposa es porque alguna expectativa está insatisfecha. Eso no solo sucede con el cónyuge, sino también con los hijos. Cuando tus hijos nacieron, tenías algunos sueños con respecto a ellos. ¿Será hombre o mujer? ¿Estudiará lo que yo quiero? ¿Cumplirá mis ilusiones? Los hijos no saben qué es lo que sus padres esperan de ellos, pero muchas veces perciben que no están satisfaciendo la expectativa de los padres y eso los frustra. En ocasiones, la madre espera unas cosas y el padre otras, entonces los chicos no pueden cumplir con ambos y eso genera conflictos en el hogar, quedando los chicos en el medio de la batalla, asustados y sintiendo que son culpables por ello.

Cuando llega la desesperanza y parece que fuera demasiado tarde. Nos preguntamos: ¿qué pasó, si nos casamos tan enamorados, pensando que el amor era suficiente para mantener un matrimonio feliz? ¿Qué pasa con los cientos de miles de parejas que debían ser uno y que ahora viven de manera tan independiente el uno del otro? ¿Cómo es que en una pareja se dejan de necesitar el uno al otro? Si el matrimonio debe hacer de dos, uno, ¿cómo es que tantos viven tan separados y de manera independiente? Es decir, yo necesito todo mi cuerpo, necesito mi corazón, mis manos, los pulmones, los riñones y el hígado, ¡todo mi cuerpo me es necesario!

¿Por qué un matrimonio llega a ese límite? ¿Qué hizo esta pareja que los separó, y qué no hizo aquella que encontró el divorcio como opción? ¿Qué hace que un matrimonio se disuelva, si como hemos visto antes, el plan de Dios es que fueran uno nuevamente?

En primer lugar, no olvides que la familia está bajo ataque. La batalla espiritual es por la verdad y por el poder. Ser conscientes de ello hará que reconozcamos a nuestro verdadero enemigo y no luchemos contra nuestro cónyuge.

También debemos resolver el problema de las expectativas. Si cada miembro de la pareja espera algo diferente del matrimonio, por más que yo me esfuerce en cumplir lo que creo que es correcto, siempre estaré partiendo de mi visión, no de nuestra visión, porque esa visión ni siquiera existe.

La Biblia nos pregunta acerca de la importancia del acuerdo con una simple pregunta: *¿Andarán dos juntos si no estuvieren de acuerdo?* (Amós 3:30). La respuesta es negativa: no podemos caminar hacia un destino común si no sabemos cuál es ese destino.

Es bueno hacer cada cierto tiempo este ejercicio: tomen papel y lápiz y escriban en una frase ¿cuál es su visión para su familia?, y ¿qué espera de su pareja? Después de hacerlo, comprueben las respuestas. ¿Coinciden? ¿O cada uno tiene expectativas diferentes en cuanto a lo que quieren para el futuro de su familia? La visión es la que nos da el poder de seguir viviendo, nos da un motivo más allá de nosotros mismos. Por ello, cuando hacemos nuestra la visión de Dios para la familia, podemos trabajar en unidad hacia una meta común.

Al final, es preciso orar con honestidad, pedir al Señor que nos enseñe a amar a nuestro cónyuge tal como es. La segunda cosa que debemos pedir es que Dios nos cambie a nosotros primero. En tercer lugar, es preciso orar para que Dios muestre a la otra persona la necesidad del cambio. Es el Espíritu Santo el que nos confronta, redarguye y reprende; y es el único que nos puede dar el poder para cambiar.

No es cierto que provengamos de planetas distintos, pero el hecho de ser creaciones diferentes hace que tengamos necesidades diversas. Hombres y mujeres amamos de maneras diferentes. Y aunque tengamos las mejores intenciones, nos equivocamos al pensar que, por un lado, suplimos la necesidad del otro completamente, o que el cónyuge puede suplir nuestras necesidades de afecto. Eso pone una presión demasiado fuerte en el otro de "hacernos feliz". Recuerda que nadie puede llenar tu interior totalmente. Solo Dios es capaz de satisfacernos totalmente y hacernos felices.

Las palabras de Jesús en Lucas 6:38 ponen de manifiesto un mundo de maravillosas oportunidades para aquellos que se entregan a los demás, incluyendo a su esposo o esposa.

Dad, y se os dará; medida buena, apretada, remecida y rebosando darán en vuestro regazo; porque con la misma medida con que medís, os volverán a medir.

Cuando Dios en su Palabra nos invita a soportarnos o tolerarnos, no se refiere a arreglárnoslas para "escasamente llevarnos bien", nos manda a que amemos con nuestras diferencias. El plan, desde el principio de los tiempos, era que hombre y mujer, unidos en matrimonio, puedan decirle al mundo ¡somos uno! El plan era que el mundo viera que hombres y mujeres somos uno para gobernar, poblar y administrar esta tierra que Dios nos ha dado y, por supuesto, reflejar su imagen. Pero lejos de eso, hombres y mujeres hoy son rivales, separados por grandes barreras, aborreciéndose el uno al otro. ¡Hemos vuelto a unir nuestros dones, talentos y capacidades para cumplir con el mandato de Dios de conquistar la tierra! *Nadie aborreció jamás su propio cuerpo,* dice el apóstol Pablo, *sino que lo sustenta y lo cuida* (Efesios 5:29, LBLA). ¿Cómo podemos aborrecer o hacer daño al esposo o la esposa si somos uno? ¿Si es parte de nuestro propio cuerpo?

Este versículo debe ser la base de todo hogar:

Por lo tanto, como escogidos de Dios, santos y amados, revístanse de afecto entrañable y de bondad, humildad, amabilidad y paciencia, de modo que se toleren unos a otros y se perdonen si alguno tiene queja contra otro. Así como el Señor los perdonó, perdonen también ustedes. Por encima de todo, vístanse de amor, que es el vínculo perfecto. (Colosenses 3:12-14, NVI)

7

LA GUERRA DE LOS SEXOS

El príncipe azul se casa con la bella princesa y son felices para siempre. Ese es el final clásico en los cuentos de hadas y de las telenovelas, pero no en la vida real. Algo pasa entre el "puede besar a la novia" y el "vivieron felices para siempre". En ocasiones, en vez de que el sapo se convierta en príncipe, sucede al revés; el príncipe azul con el que nos casamos se convirtió en un sapo verde y lleno de verrugas. O la princesa hermosa y delicada se ha convertido en la bruja mala del cuento o en "gotera constante", de la cual el esposo quiere escapar. La princesa que, cuando novia recibía al novio con una sonrisa, ya no existe más.

Las expectativas insatisfechas, las diferencias de género, de crianza y temperamentos, y la incomprensión producen conflictos en la relación, llevándola a extremos que terminan en abuso, maltrato, separación o divorcio.

Satanás cuestionó el mandato de Dios: *—Eso es mentira. No morirán. Dios bien sabe que, cuando ustedes coman del fruto de ese árbol, serán iguales a Dios y podrán conocer el bien y el mal.* (Génesis 3:4-5, TLA). Y la pareja cayó en la trampa del enemigo. Se rebelaron porque quisieron ser como Dios. Esa fue la primera tentación del diablo y sigue siéndolo hoy. La soberbia fue la causa de que Satanás pecara la primera vez. La soberbia dice: "Puedo hacerlo mejor que Dios, puedo ser Dios". El diablo mismo pensó que podía gobernar el universo mejor que Dios. Con relación a la familia y al matrimonio, el ser humano dice "yo puedo hacer las reglas mejor que Dios".

La guerra de los sexos inició al principio de los tiempos, cuando hombre y mujer cayeron en la trampa de Satanás, siguiendo sus instrucciones y desobedeciendo los mandatos de Dios. *Hay camino que al hombre le parece derecho; pero su fin es camino de muerte* (Proverbios 14:12). Si no llegamos a captar esta verdad, no solo tendremos una visión incompleta de Dios, sino también las relaciones entre géneros se tornarán cada día más difíciles, porque ambos pretenderán cambiar al otro a su imagen y semejanza, y no a la del Creador.

El ataque del enemigo contra el plan de Dios logró su objetivo al transformar en rivales a la primera pareja que debía ser un equipo para alcanzar grandes cosas. Apenas comieron del fruto, hombre y mujer, que al principio eran obedientes a Dios, abrieron su corazón a un espíritu de rebeldía, convirtiéndose en esclavos del pecado, sujetos a sus propias pasiones, viviendo independientemente del Creador. Al cuestionar la autoridad de Dios y desobedecer su mandato, se rompió también la relación de mutualidad y confianza entre ellos, causando rivalidad y opresión.

La historia humana, en todas las culturas, muestra los resultados del rechazo de la autoridad de Dios sobre la pareja humana, y la ruptura de la relación armónica entre el hombre y la mujer. Cuando Dios crea a la pareja, ambos estaban desnudos, juntos, el uno cerca del otro y no sentían vergüenza alguna. Esto nos habla de una transparencia entre los dos. Pero una vez que pecaron, la desnudez los cubrió de vergüenza. A raíz del pecado, y en lugar de la armonía inicial, tenemos como resultado muerte física y espiritual, un sentido de vergüenza, vulnerabilidad y rivalidad entre la pareja; temor y la tendencia a no asumir la propia responsabilidad, sino a esconderse y después culpar al otro por la situación. Lamentablemente, el abuso se ha convertido en un problema generalizado. Los números son alarmantes; sucede dentro de la choza más pobre o de la mansión más acaudalada. La víctima puede ser una mujer ignorante o aquella que tiene títulos universitarios, sin importar su educación. Sucede también en familias que se dicen cristianas. Y este abuso ha sido visto de manera aceptable y correcto por la Iglesia.

En la caída, el hombre perdió su fuerza, perdió el paraíso. Fuera del huerto trata de buscar su hombría y fortaleza a través del alcohol, las drogas, la pornografía o la violencia, que por un momento le dan una sensación falsa de poder y conquista. Otros la buscan por medio de películas, o los deportes.

Hay quienes se enredan en aventuras extramatrimoniales solo para sentir esa sensación de ser conquistadores. Pero el único lugar en el cual pueden encontrar su fuerza y su hombría es en Dios, ya que es reflejo de una de sus características.

Hombre y mujer pecaron en contra del amor. Fueron engañados por un amor falso. ¡Cuántas cosas suceden hoy que se denominan amor, pero que en realidad son más bien destrucción y asesinan al alma! Ese fue el mayor ataque al plan de Dios sobre la familia. El hombre y la mujer que debían ser amigos, amantes, compañeros y un equipo, se convirtieron en rivales, lo que dio inicio a una guerra de los sexos que es cada vez más violenta y cruel, es así como surge la violencia intrafamiliar.

Adán y Eva perdieron su inocencia porque perdieron su unidad con Dios, y en medio del vacío terrible que sintió en su corazón, el hombre culpó a la mujer y buscó dominarla, mientras que la mujer, resentida con el hombre, se sintió culpable ella misma, y luego culpó a Satanás.

Si nuestro matrimonio se separa de Dios, la rivalidad pronto cobrará fuerza y el egoísmo nos gobernará. Al competir con nuestro cónyuge para ver quién manda, intentamos crear nuestro propio pequeño paraíso donde establecemos nuestras condiciones personales. Pero ese estilo de vida nos llevará a romper la unidad y a convertirnos en rivales sin lograr ser ese uno, como Dios lo planificó originalmente. Eso nos llevará más pronto que tarde a una vida sin paz, vacía y sin esperanza.

La guerra de los sexos no tiene su raíz en la falta de comunicación o en las finanzas, aunque son básicos para que a un matrimonio le vaya bien. Sin embargo, son síntomas y no el verdadero origen de los conflictos. La raíz de la batalla está en el corazón pecaminoso de un hombre y una mujer que se empeñan en vivir independientes de Dios, guiados por el ser natural y no el espiritual, y por tanto sujetos a sus pasiones y no al Espíritu de Dios.

¿Cuál es el problema más importante dentro del matrimonio? ¿Serán las finanzas, la comunicación, el sexo o la familia política? Creemos que, aunque esos son temas importantes y delicados, el mayor problema en un matrimonio, y la raíz de todas las otras dificultades, es la naturaleza caída, de la cual surge el egoísmo.

La raíz de la violencia es la maldad del hombre, no la voluntad de Dios. Su demostración externa, sea por medio del abuso físico, verbal o emocional, es únicamente la evidencia de lo que hay en lo más profundo del corazón. Jesús dijo que de la abundancia del corazón habla la boca. La Biblia describe al abusador como arrogante, y a la violencia como una característica del impío. En el Salmo 73, Asaf hace una descripción del hombre violento al decir:

> *La soberbia los corona; se cubren de vestido de violencia… Se mofan y hablan con maldad de hacer violencia; hablan con altanería.* (Salmo 73:6-8)

La soberbia es, a nuestro juicio, el peor de los pecados, capaz de convertir a un ángel en demonio. La soberbia atropella; el amor sirve. La soberbia destruye las relaciones apenas las toca. Es cierto que delante del Señor el pecado es pecado;

pero la Biblia dice que Dios resiste a los soberbios, entonces, si Dios te resiste, ¿cómo cambiarás tu vida?

Desgraciadamente, la tendencia a obtener el control y manipular a nuestros seres amados es muy popular el día de hoy. Libros de superación y autoayuda nos dicen que debemos ser más agresivos y saber intimidar a otros a fin de evitar que nos dominen. Esa actitud ante la vida y los demás es traída también al matrimonio. Entonces, en vez de verlo como un lugar de paz y encuentro, lo vemos como si fuese un campo de batalla. El hombre opta por la violencia física, sexual o emocional como su arma preferida, y la mujer por la manipulación y el sarcasmo.

En ocasiones parece que hemos llegado tan lejos en esta división que es muy difícil volver al plan original. Golpes, violencia sexual y emocional, insultos, manipulaciones y amenazas son tan graves que aparentemente no hay manera de volver al inicio. Pero siempre hay esperanza en el Señor.

Dios ama al ser humano con amor eterno y no se ha conformado con la separación a causa del pecado. Por ello ha trazado y ejecutado un plan para restaurar esa relación. Parte del propósito de Jesús al venir a este mundo fue reconciliar al hombre con Dios, es decir, hacer un puente.

> *Y todo esto proviene de Dios, quien nos reconcilió consigo mismo por Cristo, y nos dio el ministerio de la reconciliación; que Dios estaba en Cristo reconciliando consigo al mundo, no tomándoles en cuenta a los hombres sus pecados, y nos encargó a nosotros la palabra de la reconciliación. Así que, somos embajadores en nombre*

de Cristo, como si Dios rogase por medio de nosotros; os rogamos en nombre de Cristo: Reconciliaos con Dios

(2 Corintios 5:18-20)

Enviar a su hijo Jesucristo a la tierra para ser un reconciliador fue la culminación de ese plan. Jesús vino para deshacer las obras del diablo. *El hijo de Dios fue enviado precisamente para destruir las obras del diablo* (1 Juan 3:8, NVI). Jesús es el nuevo Adán que ejemplificó perfectamente los rasgos de la hombría, tan escasos hoy. Los retuvo al dar su propia vida. Aceptó la responsabilidad, no solo por sus propios actos, sino por los del mundo entero. Supo pelear sus batallas, con fortaleza defendió sus principios y aun entregó su vida, para librar a su esposa, la Iglesia, del enemigo que la oprimía. Nadie lo obligó a hacerlo, ya que entregó su vida voluntariamente, ganando así la batalla que Adán perdió.

Si bien Adán perdió una batalla, Jesús ganó la guerra.

Y a vosotros, estando muertos en pecados y en la incircuncisión de vuestra carne, os dio vida juntamente con él, perdonándoos todos los pecados, anulando el acta de los decretos que había contra nosotros, que nos era contraria, quitándola de en medio y clavándola en la cruz, y despojando a los principados y a las potestades, los exhibió públicamente, triunfando sobre ellos en la cruz.

(Colosenses 2: 13-15)

Jesús también es el príncipe de paz, y el único que puede derribar barreras y reunir a dos personas que se han separado por el pecado. *Porque Él es nuestra paz, que de ambos pueblos hizo uno, derribando la pared intermedia de separación* (Efesios

2:14). Aunque en este versículo se nos habla de dos pueblos diferentes, también derriba las barreras entre dos géneros diferentes.

Cualquier cristiano estará de acuerdo con nosotros si decimos que por la muerte de Jesús hemos sido redimidos del pecado, que por sus llagas hemos sido curados y que por su muerte tenemos vida. Entonces también cualquier cristiano debe reconocer que en Jesucristo y en su Iglesia se restaura la relación entre el hombre y la mujer, establecida por Dios en la Creación. *Por tanto, dejará el hombre a su padre y a su madre, y se unirá a su mujer, y serán una sola carne* (Génesis 2:24). En el nivel más elemental, esto se refiere a las relaciones sexuales o unión física. El acto matrimonial es el símbolo externo de una unión más completa, de una entrega total a la otra persona. La unidad del espíritu y del alma se expresa en la unión del cuerpo. Entonces, si la unión más profunda no es una realidad, las relaciones sexuales pierden su sentido.

Pero, al igual que la salvación, que es un regalo gratuito para todo aquel que lo acepte, la restauración también lo es. No se puede retomar esa armonía sin aceptar el plan completo de Dios, sujetándonos a las leyes del Reino de los cielos. Aprópiate de la presencia de Dios en tu vida y en la de tu familia y coopera con su plan. Cuando Él guía tu vida, tú no puedes fracasar.

Solo Dios puede derribar los muros en esta guerra de los sexos. Solo a través de Jesús se pueden superar los efectos del pecado y vivir la restauración de la relación hombre-mujer según la intención de Dios en la creación: una sola humanidad bajo la soberanía de Dios, dividida en dos sexos, que se complementan recíprocamente y que se sirven mutuamente con el uso de sus dones y capacidades. La nueva humanidad, regenerada en Cristo, es una nueva realidad y trae una nueva relación entre hombres y mujeres, creados por Jesucristo en su vida, muerte y resurrección.

> *De modo que, si alguno está en Cristo, nueva criatura es; las cosas viejas pasaron; he aquí todas son hechas nuevas.*
> (2 Corintios 5:17)

8

ENTRE EL ATROPELLO Y LA SUMISIÓN

Por qué incluir en un libro que trata de dos personas haciéndose una, todo un capítulo sobre el atropello y la sumisión? La verdad es que el proceso de la unidad se torna difícil por muchas razones; una de ellas es el conflicto por el control en el matrimonio. El cómo lograr que dos personas diferentes sean uno, es un misterio. El deseo de dominar, controlar y manipular genera muchos conflictos en la pareja. La unidad en el matrimonio es una verdad aparentemente muy simple de comprender, pero muy difícil de ejecutar.

La familia que fue diseñada por el Señor como fuente de refugio, bendición y sostén para las personas que la componen, de pronto se convierte en un núcleo amenazante y peligroso para la salud, en todas sus acepciones y ángulos. Al escuchar el término "abuso", la mayoría piensa solo en violencia física; pero el abuso se da en varios aspectos: están la violencia verbal, sexual y emocional. En muchos casos, el abuso emocional se pasa por alto; pero solo Dios sabe del grado de sufrimiento soportado por aquellos que son tratados con desprecio en la intimidad del hogar.

Jesús habla del plan original y perfecto de Dios en relación con la familia, cuando le preguntan sobre el divorcio. *¿No han leído —replicó Jesús— que en el principio el Creador "los hizo hombre y mujer", y dijo: "Por eso dejará el hombre a su padre y a su madre, y se unirá a su esposa, ¿y los dos llegarán a ser un solo cuerpo"? Así que ya no son dos sino uno solo. Por tanto, lo que Dios ha unido, que no lo separe el hombre* (Mateo 19:4-6, NVI). Estas palabras del Señor se han usado y manipulado de acuerdo con la conveniencia de las personas, pero Dios nos ha mostrado algo que no habíamos visto antes, al preguntar ¿cómo separa el hombre (o la mujer) un matrimonio? Probablemente la primera respuesta en la que piensas fue la misma que dimos inicialmente: a través del divorcio o la separación. Entonces llegamos a una conclusión que puede ser un poco simplista: no te divorcies porque estás separando lo que Dios ha unido. Pero si vemos más allá de lo obvio, cuando una pareja llega al divorcio, es que la relación ya se ha roto. Antes de firmar los papeles en el juzgado, ya ha habido un divorcio emocional. Fue por la dureza del corazón humano que el Señor permitió a Moisés el divorcio. La pregunta entonces debería ser: ¿Por qué un matrimonio llega a ese límite? ¿Qué hizo esta pareja que los separó, y qué no hizo aquella que encontró el divorcio como la opción más válida? ¿Qué hace que un matrimonio se disuelva?

La respuesta de Dios es la misma que les dio Jesús a los discípulos: por la dureza del corazón, es decir, por la maldad del hombre (en sentido genérico) y no por la voluntad de Dios.

Al escuchar a Jesús, sus discípulos preguntaron: ¿cómo hacer eso? Podían haber preguntado otras cosas, por ejemplo: ¿cuáles son las cosas que no debemos hacer? ¿Qué es lo que separa la unión que tú has bendecido? Las respuestas a las preguntas sobre un divorcio pueden muchas y muy personales, sin embargo, las más comunes son: infidelidad, maltrato, problemas económicos y la lucha por el control; rivalidad, enemistad, rebeldía, manipulación, violencia, mentira y demás.

(JIMMY)

Al leer la Biblia no tenemos datos del tono de voz que se empleó al decir ciertas verdades, así que a mí me gusta imaginar mucho. Pienso en Jesús hablando sobre el matrimonio, en realidad contestando a aquellos hombres que lo que querían era un solo pretexto, por pequeño que fuera, para abandonar a su esposa. Y Jesús les responde (en mis propias palabras): "Por favor, amigos, déjense de bromas. El Padre hizo de uno dos personas, para que luego dos se hagan uno, y así debe funcionar. Aprendan a vivir en armonía el uno con el otro. Cuídense, ámense y sean el uno que Dios quiere que sean. No hagan cosas que dañen su matrimonio, no lleguen a extremos en los cuales la separación es la única salida. No atropellen a su cónyuge, sean fieles y leales, para que esa unión que yo he bendecido no se corte".

Pero lamentablemente, por el pecado del hombre y la dureza del corazón del ser humano, la violencia intrafamiliar se ha convertido en una plaga aun dentro de los hogares cristianos. La Iglesia no ha sabido dar la respuesta bíblica a las mujeres maltratadas en su hogar, y en su mayoría les ha dicho que únicamente deben orar con más fervor y ser calladamente sumisas. De esta manera, se les dice, ganarán a sus esposos y entonces el abuso terminará. Sin embargo, lo que este consejo en realidad hace es que ella sienta que la responsabilidad del cambio de su esposo es suya, lo cual no es verdad, porque la responsabilidad del ser humano ante Dios es personal. La pregunta que deberíamos hacernos es: ¿en realidad el apóstol Pedro dice que la mujer golpeada o abusada debe callarse para ganar así a su esposo? ¿Dice el apóstol Pablo que la sumisión de la mujer hacia su esposo incluye hacer "cualquier" cosa que él ordene? Interpretar de ese modo la Palabra es distorsionar completamente lo que la Biblia dice sobre el amor y el matrimonio.

En lugar de que las parejas se unan hasta ser uno, la mayoría de los matrimonios empiezan unidos y van distanciándose poco a poco. La meta es la unión, pero no se puede lograr si no están dispuestos a morir a sí mismos para lograrlo.

Nuestra definición de matrimonio es bastante fuerte: el matrimonio es un método de ejecución en el cual dos "yo" deben morir para que nazca un "nosotros". Pero si uno de los dos insiste en controlar y gobernar al otro, esa unión será muy difícil de lograr. Tarde o temprano esa relación se convertirá en abusiva, entonces uno de los dos tratará de escapar, de huir, para desconectarse de su cónyuge, retraerse y, probablemente, caer en infidelidad. Todo por apartarse el uno del otro.

(AÍDA)

Pasar por un divorcio es muy doloroso; yo lo sé por experiencia propia. Estuve divorciada una vez. No me malinterpretes, nunca fui ante un juez, y jamás en los años de casados hemos dormido separados; no estuve casada con otro hombre y mi esposo actual no es mi "segundo" esposo. Es el mismo, pero en una época sentía que no lo era. Vivíamos en un divorcio emocional. Compartíamos la misma casa, comíamos en la misma mesa y dormíamos en la misma cama, incluso asistíamos juntos a algunas reuniones mostrando que éramos un matrimonio. Aparte de eso, vivíamos como dos extraños, sin nada más en común que los hijos. Yo prefería estar dormida cuando él llegaba y levantarme antes de que se despertara. ¿De qué podíamos hablar? No teníamos nada en común. Estábamos divorciados en el corazón. Vivir así era muy doloroso y pienso que solo era cuestión de tiempo hasta que la separación se hiciera legal.

Como dijimos en un principio, el gran enemigo del matrimonio es, en **primer lugar**, la naturaleza caída del hombre: el egoísmo y la violencia que surgen del pecado.

El segundo enemigo: el mundo y sus ideas preconcebidas sobre lo que un hombre y una mujer valen o cómo deben actuar; lo que contribuye a la separación y no a la unidad; a la violencia y no al respeto. En muchos hogares, y aun en la Iglesia, se tiene la influencia de la mentalidad machista de nuestra sociedad y cultura. Mirar a la mujer como una creación de segunda categoría ha sido práctica común y ha generado muy malas interpretaciones en todos los tiempos. San Agustín de Hipona, por ejemplo, pensaba que la mujer sola, por sí misma, no es la imagen de Dios. Para Santo Tomás de Aquino, la mujer está de forma natural sujeta al hombre porque en el hombre predomina la razón. Este santo católico expresa en su obra *Suma Teológica* que: "La mujer es deficiente e ilegítima, mientras que el poder activo en la semilla del hombre dirige la producción de una apariencia perfecta en el sexo masculino, la producción de la mujer resulta de un defecto en la fuerza activa.[1] El mismo autor refiere cómo aun médicos en el siglo XIX argumentaban en contra de que la mujer fuera a la universidad, diciendo: "Es un hecho fisiológico comprobado que la capacidad real del cerebro del hombre es considerablemente mayor que el de la mujer".[2] A principios del siglo XX, se apelaba a las Escrituras para negar el voto a las mujeres, por considerar que su papel de subordinadas les impedía estar en paridad política con los hombres.

Estos son solo ejemplos de la creencia común sobre la inferioridad de la mujer. Y aunque nos puede parecer tonto lo que se decía, hoy en día la mujer sigue siendo víctima de discriminación por parte de la sociedad. Esto, por supuesto, genera en el matrimonio situaciones de violencia que se vuelven insostenibles en algunos casos. La insinuación es que la mujer no puede vivir sin el hombre, y por tanto tiene que soportar lo que sea para mantener la ilusión del hogar tradicional. El problema es que la sociedad y la Iglesia se hacen corresponsables de la violencia al permitir la conducta del esposo, y aun justificarla ante los hijos.

Hay quienes creen que la violencia es normal en la familia, ya que nunca vieron otra forma de relacionarse. Aunque la violencia puede ser de ambas partes, según la estadística existe mucha mayor violencia del hombre hacia la mujer.

Mucho de eso viene de su propia educación. Si sus padres la golpeaban cuando niña, le decían que "era porque lo merecía". La mujer adulta verá repetirse la violencia por medio de su esposo y la justificará. La mayoría de las veces ella piensa que los golpes o los gritos son por su propia culpa, al fin y al cabo, merecidos: "No le calenté la comida pronto", "El niño lloró mucho y él estaba cansado", "Llegué muy tarde de la calle, aunque a él no le gusta que salga". Esas son las justificaciones que ella misma se da. Así lo señala la Dra. Esly Carvalho en su artículo titulado "Secretos bien guardados, la violencia doméstica"[3]: Tenemos dichos populares en distintos países que surgen para explicar lo de la violencia:

"Mal con él; peor sin él". (Brasil)

"Marido es; aunque pegue, aunque mate, marido es". (Ecuador)

"Más me pegas, más me amas". (Perú)

"Es tu cruz". (en toda América Latina)

La verdad es que muchas víctimas de violencia tienen un pasado traumático, muy baja autoestima debido a la manipulación y maltrato recibido. Cada día las noticias de los feminicidios están en los medios de comunicación hasta convertirse en una epidemia.

Muchas dicen que aceptan la violencia por causa de los hijos; piensan que es mejor darles un hogar con violencia que tener un hogar "sin padre". Pero es la gran responsabilidad de los padres ofrecer a sus hijos e hijas un hogar libre de violencia, para cortar así el ciclo que viene sucediendo desde tiempo atrás.

La raíz de la violencia es la maldad del hombre; esa no es la voluntad de Dios. Jesús dijo que "de la abundancia del corazón habla la boca". La Biblia describe al abusador como arrogante, y a la violencia como una característica del impío. En el Salmo 73, Asaf hace una descripción del hombre violento al decir: *La soberbia los corona; se cubren de vestido de violencia... se mofan y hablan con maldad de hacer violencia; hablan con altanería* (Salmos 73:6-8). Su demostración externa, sea por medio del abuso físico, verbal o emocional, es únicamente la evidencia de lo que hay en lo más profundo del corazón.

El desconocimiento por parte del hombre y la mujer sobre el carácter de Dios, del verdadero espíritu de la Palabra y de sus planes para sus hijos, son de los grandes enemigos del matrimonio.

En tercer lugar, está el enemigo de Dios, que actúa de muchas maneras para impedir que los planes del Señor sean cumplidos. Si uno de los sueños de Dios es edificar una familia, el ataque más fuerte de Satanás será justamente en contra ella.

Satanás es el padre de la mentira y un especialista en la división. Y una casa dividida no puede mantenerse en pie. La fuerza de un matrimonio está en la unión. El poder del acuerdo es poderoso; sin embargo, el conflicto derriba el hogar desde adentro. Por eso es necesario aprender que es lo que verdaderamente dice Dios sobre el matrimonio y no dejarse llevar por medias verdades, mitos o malas interpretaciones.

En la enseñanza tradicional sobre el matrimonio se enfatiza en el concepto de que un matrimonio cristiano saludable es aquel en que la tarea del esposo es amar a su esposa, y la de la esposa es someterse al esposo. Esta es una forma muy simplista de ver las cosas. Hacer una distinción entre el amor y la sumisión, dejando al varón la tarea de amar a su esposa, y a ella la de someterse a la autoridad del marido, es de lejos una visión que una, sino más bien divide a la pareja. Enfatizar en el liderazgo y la sumisión en el matrimonio dejando fuera otros elementos, lejos de fortalecer la unión, la debilitará. Aún usamos el pasaje de Efesios referente al matrimonio para justificar nuestro propio pensamiento, sin comprenderlo a la luz de la cultura, la historia y el significado correcto de las palabras "amor" y "sumisión", por lo que no se ha comprendido bien lo que el apóstol Pablo realmente quiso decir.

> *Las casadas estén sujetas a sus propios maridos, como al Señor; porque el marido es cabeza de la mujer, así como Cristo es cabeza de la iglesia, la cual es su cuerpo, y él es su Salvador. Así que, como la iglesia está sujeta a Cristo, así también las casadas lo estén a sus maridos en todo.*
>
> (Efesios 5: 22-24)

Una pregunta importante que nos debemos hacer es ¿cómo definimos la palabra "sumisión" o "sometimiento"? El diccionario lo define como la acción de someterse a la voluntad de otro, el allanarse. Entonces, la sumisión es algo que se da; no puede exigirse. Estas palabras, en una cultura griega como la de Éfeso, lejos de ser opresivas hacia la mujer, eran liberadoras. Los griegos consideraban que la mujer no tenía ningún derecho, creían que el hombre provenía de una sustancia divina y la mujer de una sustancia terrestre y animal, así que hombres y mujeres no eran iguales y ella solo era considerada como un objeto sexual y como reproductora. De hecho, para la cultura griega, el amor perfecto era solo entre hombres. Las

Escrituras en cambio, levantan a la mujer a la igualdad con el varón desde el Génesis, al establecer que ambos son creación de Dios, hechos de la misma sustancia.

Cuando el apóstol les dice a los esposos que deben amar a sus esposas como a sus mismos cuerpos, les está hablando de esa igualdad. Si profundizas en esta porción bíblica, te das cuenta de que Pablo da una definición clara de amor: quien ama, sustenta y cuida.

Aprendimos que sacar un versículo de contexto es un pretexto, esto es muy común y más en este caso, ya que por lo general leemos este pasaje de manera incompleta, dejando a un lado el versículo 21 y comenzando con el 22; cuando en realidad la palabra clave de todo el pasaje es "someteos": *Someteos unos a otros en el temor de Dios* (Efesios 5:21). Lo que el apóstol Pablo dice a las esposas y a los esposos en este texto fluye de su exhortación a todos los miembros de una comunidad a vivir una vida llena del Espíritu. Entonces les dice a las esposas que se sometan a sus propios maridos, y a los esposos que amen a sus esposas. La unidad y la reciprocidad son acciones que dan significado al matrimonio.

Es obvio que el decirles a los esposos que deben amar a sus esposas no implica que las esposas no deban amar a sus esposos, o que el amor a sus esposos sea automático. El amor y la sumisión descritos en este verso son en realidad dos caras de una misma moneda. De la misma manera, el que una esposa se someta a su esposo no exime al esposo de la necesidad de someterse a ella. Amar y someterse son obligaciones mutuas en un matrimonio cristiano.

La Biblia enseña entonces el amor y sometimiento mutuos. Cuando profundizamos en el tema, comprendemos también la diferencia de sumisión y obediencia. Nosotros creemos que la sumisión es una actitud interna de respeto y honra, que no necesariamente implica la obediencia. Obediencia es un acto externo, mediante el cual cumplimos órdenes de otra persona. Es preciso aclararlo, pues en ocasiones, una esposa será sumisa aun cuando no sea obediente. Es decir, sin dejar de mostrar respeto, debe obedecer primero y, ante todo, lo que la Palabra de Dios dice.

Y si profundizamos en las raíces semánticas, la palabra empleada en este pasaje para cabeza se refiere más a "fuente" u "origen", que a autoridad. Sin embargo, y entendiendo la palabra como cabeza, autoridad no es la primera palabra que debería venir a nuestra mente. Ser cabeza es aprender a llevar las cargas de responsabilidad que demanda el dirigir la familia con sabiduría. Si el esposo es la cabeza de la esposa, tal como Jesús es cabeza de la Iglesia, entonces deberá aprender de Él cómo ser cabeza. Este papel se empobrece cuando la cabeza maltrata, somete y humilla a la mujer. *Finalmente sean como una familia grande, feliz, compasiva, donde reine el amor fraternal, sean cariñosos y humildes* (1 Pedro 3:8, TLB, traducción libre). El esposo que entiende su papel reconoce que él mismo está sujeto a una autoridad. *Cristo es la cabeza de todo varón* (1 Corintios 11:3). Del mismo modo que la autoridad de Cristo está arraigada en la sumisión de Él al Padre, la autoridad del esposo nace de su sumisión a Cristo. "La grandeza de un padre con su familia se basa en el cuidado que él tiene de ella; su aptitud para guiar se basa en su voluntad para servir", comenta Ed Cole.[5]

El liderazgo de Jesús no se basó en palabras, sino en hechos; en su corazón de siervo. El mundo grita "yo tengo mis derechos"; pero Jesús afirma que Él "*no vino para ser servido, sino para servir*" (Mateo 20:28). No hay tarea doméstica u hogareña que esté limitada por asunto de género.

> *Mas entre vosotros no será así, sino que el que quiera hacerse grande entre vosotros será vuestro servidor, y el que quiera ser el primero entre vosotros será vuestro siervo.* (Mateo 20:26-27)

Si logramos entender que, al servir a cualquier miembro de nuestra familia, estamos sirviendo a Jesús mismo, nuestras actitudes y palabras cambiarán.

> *Si alguno dice: Yo amo a Dios, y aborrece a su hermano, es mentiroso. Pues el que no ama a su hermano a quien ha visto, ¿cómo puede amar a Dios a quien no ha visto?* (1 Juan 4:20)

Al parafrasear, puedo decir que el que no sirve a su esposo o esposa a quien ha visto, ¿cómo puede servir a un Dios a quien no ha visto? Un siervo es aquel que se preocupa por las necesidades de los demás y las atiende, pues valora a quienes están a su alrededor, considerándoles como superiores a él mismo.

> *Y todo lo que hagáis, hacedlo de corazón, como para el Señor y no para los hombres; sabiendo que del Señor recibiréis la recompensa de la herencia, porque a Cristo el Señor servís.* (Colosenses 3: 23-24)

¿Cuáles son las necesidades de nuestro esposo o esposa? ¿Cómo podemos servirnos, amarnos y someternos el uno al otro, siguiendo el ejemplo de Jesús? La respuesta es muy simple, pero también muy difícil: entregándose como Él. Jesús ha mostrado claramente cómo debe ser un líder. Si el hombre es cabeza del hogar, entonces deberá ser el servidor en el mismo.

> *No hagan nada por egoísmo o vanidad; más bien, con humildad consideren a los demás como superiores a ustedes mismos. Cada uno debe velar no solo por sus propios intereses, sino también por los intereses de los demás.*
>
> (Filipenses 2:3-4, NVI)

Creo que, de cumplir este sencillo mandato bíblico, lograríamos un cambio muy grande dentro de los matrimonios. El respeto y el buen trato logrará unir a esa pareja que se encuentra distanciada.

Jesús sirvió a la Iglesia para dar ejemplo de lo que significa el verdadero amor. Al fin y al cabo ¿cuáles son los derechos de un siervo? En realidad, ninguno. *Así también ustedes, cuando hayan hecho todo lo que se les ha mandado, deben decir: "Somos siervos inútiles; no hemos hecho más que cumplir con nuestro deber"* (Lucas 17:10, NVI). Lamentablemente, el problema de la violencia está muy arraigado en los hogares. A través de la historia podemos ver cómo padres, madres, esposos, hermanos, incluso suegros y suegras, han atropellado a la mujer de mil maneras, en lo verbal, lo sexual, lo emocional y físicamente. *Le abrí a mi amado, pero ya no estaba allí. Se había marchado, y tras su voz se fue mi alma. Lo busqué, y no lo hallé. Lo llamé, y no me respondió.*

Me encontraron los centinelas mientras rondaban la ciudad; los que vigilan las murallas me hirieron, me golpearon; ¡me despojaron de mi manto! (Cantares 5:6-7, NVI). Desde los días de Salomón y la sulamita, hasta hoy, la mujer sigue siendo víctima de la violencia, no solo de su familia, sino aun de la sociedad, tal como esta mujer, a quien los guardias de la ciudad golpean.

La familia que fue diseñada por el Señor como fuente de refugio, bendición y sostén para las personas que la componen, de pronto se convierte en un núcleo amenazante y peligroso para la salud, en todas sus acepciones y ángulos. Al escuchar el término "abuso", la mayoría piensa solo en violencia física, pero el abuso se da en varios aspectos. En muchos casos, el abuso emocional se pasa por alto. Solo Dios sabe el grado de sufrimiento soportado por mujeres cuyos maridos las tratan con desprecio. La esperanza de ser aceptado, alimentado y amado incondicionalmente se diluye en una marejada de insultos, agresiones u olvidos e indiferencia.

Aunque el hecho se dé en la intimidad de los hogares, no hace que sea un "problema de pareja", por lo que no podemos permanecer indiferentes ante ello. Estamos convencidos de que es nuestro deber enseñar a los esposos y esposas cómo convertir su matrimonio en una aventura de unidad, que aprendan cómo relacionarse entre sí, mostrarles cuáles son los límites de la sujeción bíblica y dónde empieza el atropello.

La violencia se da en muchas formas. Hablemos de la violencia verbal, por ejemplo. *Con la boca el impío destruye a su prójimo* (Proverbios 11:9, NVI). Eso es lo que hemos llamado "golpes de boca", que son tan o más dolorosos que los de puño. ¡Cuán poderosas son las palabras! La Biblia dice que Dios creó la tierra con la palabra. Y dijo Dios: Sea la luz; y fue la luz... Luego dijo Dios: Haya expansión en medio de las aguas, y separe las aguas de las aguas (Génesis 1:3, 6). Somos sanos y salvos por medio de la Palabra. Las palabras son poderosas; son semillas que producen vida o muerte. Si siembras palabras buenas, tendrás frutos buenos. Hay palabras que hieren y aquellas que sanan. *Hay quienes hieren con sus palabras, pero hablan los sabios y dan el alivio* (Proverbios 12:18, DHH). La palabra puede y debe traer sanidad.

La pregunta que cada pareja debe hacerse es: ¿estoy utilizando palabras para edificar mi familia o para destruirla? Las palabras amables levantan a quienes nos rodean, y son tan escasas en este mundo que se pueden considerar un tesoro. *La lengua amable es un árbol de vida; la lengua perversa hace daño al espíritu* (Proverbios 15:4, DHH). La comunicación entre la pareja no debe ser una guerra, sino un encuentro. Es preciso edificar sobre palabras y no destruir el plan de Dios por medio de ellas. *¡Qué grato es hallar la respuesta apropiada, y aún más cuando es oportuna!* (Proverbios 15:23, DHH).

De la misma manera que la salvación se obtiene al confesar al Señor con nuestra boca, también la salvación del matrimonio inicia con la palabra. *Muerte y vida están en poder de la lengua,* dice el libro de Proverbios 8:21 (LBLA). El poder de la vida matrimonial, o su muerte, está en las palabras entre cónyuges. Los hombres que insultan y maltratan a su esposa de palabra no pueden llamarse "cristianos", pues el cristianismo es Cristo, y el cristiano debe seguir el ejemplo de Jesús hacia su "novia", la Iglesia. Jesús nunca insultó ni ofendió a su Iglesia, sino que dio su vida por ella, para presentársela a sí mismo sin mancha y sin arrugas. Al casarnos prometimos fidelidad y cuidado, por eso, la indiferencia y la infidelidad son formas de abuso.

Y qué decir de la delicadeza en el trato. Hace unos días, leyendo un libro sobre el matrimonio, el Señor nos mostró una verdad que no habíamos visto antes por medio del pasaje en el que Natán reprende a David por su pecado con Betsabé.

> *El rico tenía muchísimas ovejas y vacas; en cambio, el pobre no tenía más que una sola ovejita que él mismo había comprado y criado. La ovejita creció con él y con sus hijos: comía de su plato, bebía de su vaso y dormía en su regazo. Era para ese hombre como su propia hija. Pero sucedió que un viajero llegó de visita a casa del hombre rico y, como éste no quería matar ninguna de sus propias ovejas o vacas para darle de comer al huésped, le quitó al hombre pobre su única ovejita.* (2 Samuel 12:2-4, NVI)

¿Quién es ese hombre?, preguntó David. "Tú", le respondió Natán. Comúnmente hemos enseñado este pasaje haciendo énfasis en que el pecado alcanzará al pecador. Pero al mirar desde el punto de vista de Urías, podemos ver otra cara de la moneda. El profeta describe el amor de Urías por Betsabé de una manera muy tierna y decisiva. Urías consideraba a su esposa como la ovejita a la que debía cuidar, proteger y amar. Él daría la vida por ella. Esa es una descripción muy diferente a la de David, quien solo quería usar la ovejita, devorarla para satisfacer su necesidad y nada más. Para Urías, su esposa era la ovejita mimada y necesitada de cuidado y afecto, no la presa que solo sirve para satisfacer sus propias necesidades. Urías estaba dispuesto a amarla y a cuidarla, no a servirse de ella.

Esta es la forma en la cual debemos percibir a nuestra pareja, como alguien cuyo corazón frágil está en nuestras manos. Esposo, ¿has visto alguna vez a tu esposa de esta manera? El apóstol Pedro lo dice claramente: *De igual manera, ustedes esposos, sean comprensivos en su vida conyugal, tratando cada uno a su esposa con respeto, ya que como mujer es más delicada* (1 Pedro 3:7, NVI). A pesar de esta exhortación, muchas mujeres que sufren violencia doméstica están en las iglesias todos los domingos, sentadas junto a sus esposos, sin dar muestra alguna de lo que está sucediendo en su hogar.

En la mayoría de los países latinoamericanos, 7 de cada 10 mujeres sufren abuso físico, sexual o emocional dentro de su matrimonio. La violencia sexual es más frecuente de lo que a simple vista se ve. Muchos hombres, llevados por su carne, aman las cosas y usan a las personas. Dentro de un matrimonio, tomar a la fuerza a la esposa es un atropello, una violación. Este acto no está basado en el amor, sino en la lujuria. La lujuria hace que los hombres vean a las mujeres como objetos sexuales, aun a sus propias esposas.

Tal vez nos preguntes: ¿no dice la Biblia que el cuerpo de la esposa pertenece al esposo y viceversa? Sí, pero también dijo que no se nieguen el uno al otro, a no ser por causa de oración. Decir esto hace pensar que las parejas podían negarse y entregarse por su propia voluntad. En ningún momento el apóstol dice: "Marido, si tu esposa se niega a estar contigo, oblígala, pues su cuerpo te pertenece". La lujuria es insaciable y egoísta, es la perversión del verdadero amor. Y muchísimas personas son víctimas de abuso sexual de sus propios padres y hermanos.

Algunas investigaciones reportan que las víctimas de abuso sexual en la niñez tienen el doble de probabilidades que las demás de sufrir una violación, o un intento de violación, más adelante en la vida.

Qué historia tan triste relata la Biblia sobre la violación de Tamar en manos de su propio hermano, Amnón: *Pero Amnón no atendió a sus ruegos, sino que, como era más fuerte que ella, la agarró por la fuerza y la violó. Luego, repentinamente su amor se convirtió en odio, y la odió mucho más de lo que la había amado* (2 Samuel 13:14-15, NBV). Puesto que el abuso sexual es una invasión de la persona, va acompañado de un abrumador sentido de vergüenza. A ellas les resulta difícil o imposible creer que Dios las pueda amar; en realidad piensan que nadie las puede amar. En algunos casos su belleza se ha convertido en su peor enemigo, pues siempre hay quien dirá que "ella lo provocó". Esto hace que pongan muros de protección para no volver a ser heridas, y estos muros se convierten en su propia prisión.

Los gestos comunican mucho. ¿Qué mensaje trae un golpe? Que no vales nada, que tu vida es un fracaso. Poco a poco, manipulación tras manipulación, grito tras grito, empujón tras empujón, bofetada tras bofetada, golpe tras golpe, se destruyen la autoestima y la fe y se pervierte el plan de Dios, separando lo que Él ha unido. Pero Jesús mostró el verdadero amor, a través de sus gestos comunicó claramente cómo debe ser cualquiera que pretende un liderazgo.

Con tristeza podemos decir que la estadística no es menor en los hogares que se dicen cristianos. Según el estudio llamado "Dentro de las cuatro paredes. Evangélicos y violencia doméstica en Guayaquil, Ecuador", realizado por la fundación Paz y Esperanza, en 2014 la violencia dentro de los miembros de la iglesia guayaquileña no solo no baja, sino que sube, pues muchos hombres disfrazan de espiritualidad su ira y su pecado, al atropellar a sus esposas o hijos escondiéndose detrás de versículos sacados fuera de contexto.

Según una consulta que hizo ASAMUEL (Asociación de Mujeres Evangélicas líderes) en el año 2007 en El Salvador, las estadísticas de violencia no varían entre los hogares cristianos y los que no lo son.

(AÍDA)

Aunque en mi familia no había violencia, en mis primeros años de matrimonio sí hubo mucha violencia. No estoy hablando de golpes físicos, pero sí de abuso verbal y emocional muy fuerte, tan solo el hecho de que mi esposo salía varias veces por semana en la noche con sus amigos y bebía mucho, lo que significaba un gran estrés para mí. En ocasiones no llegaba sino hasta la mañana siguiente. La manera en la que nos hablábamos era dura y sarcástica. Ese era nuestro mundo; todos nuestros amigos vivían de la misma manera. Los esposos escapándose de la casa para beber; hasta tenían un escondite para ellos, al que llamaron la "baticueva". Entonces las mujeres nos llamábamos por teléfono para ver si alguna sabía dónde estaban los maridos. En ese entonces no había celular, por lo que no se podía saber ni la ubicación. Me quedaba toda la noche despierta, pensando en lo que podría suceder.

Al mirar hacia atrás, no sé cómo pudimos sobrellevar esos años de tanta irresponsabilidad y falta de respeto. Pero en ese momento eso era "lo normal" para mí, porque todos lo hacían.

Aún recuerdo una escena en particular, cuando en la madrugada Jimmy golpeó la puerta de la casa. Bajé a abrir, (ya que vivíamos en un segundo piso) y vi aterrada cómo él pateó la puerta y la rompió, entonces me encerré en el cuarto de Xavier. No dije nada a la mañana siguiente. Aquello parecía que era "normal". Hoy me doy cuenta de que no es "normal" que un esposo mienta a la esposa; no es normal que haya gritos o insultos; no es normal que se gaste todo el dinero de la semana en una farra de una noche. Pero también sé que, si no hubiéramos salido de ese entorno, nunca hubiéramos comprendido que estábamos viviendo de una manera "anormal". Solo cuando nos alejamos de ese mundo y conocimos otras parejas que se relacionaban entre ellas de manera diferente, con respeto y amor, vimos la verdadera situación en la que nosotros vivíamos.

No podemos dejar de hablar a aquellas personas que están viviendo de esa manera.

¿Qué hacer en caso de que estemos viviendo ese ciclo de violencia? ¿Cómo salir? A veces nos hemos preguntado a nosotros, y le hemos preguntado a Dios: ¿cómo es posible que una mujer viva en esa relación de violencia y no sea capaz de escapar de ella? ¿Por qué no sale de ese infierno? ¿Es que ella no se da cuenta de la situación? Pero las cosas son más complicadas de lo que parecen.

En primer lugar, está la vergüenza. La vergüenza hace que se minimice el problema o se niegue. "La ropa sucia se lava en casa", dicen. *No hermano mío, no me humilles que esto no se hace en Israel… ¿a dónde iría yo con mi vergüenza?* (2 Samuel 13:12-13, NVI). Otras mujeres se quedan en medio del abuso por razones económicas que limitan su posibilidad de sostenerse a sí mismas y a los hijos, con una ingenua esperanza de que un día todo cambie. Tienen miedo de ser abandonadas por la sociedad, a no tener cómo sobrevivir económicamente, a perder a los hijos; y la esperanza de que "tal vez cambie" hace que continúen en la misma situación por años. A veces, después de la golpiza, ella resuelve abandonar a su esposo... la próxima vez. Pero esa próxima vez se repite una y otra vez.

(AÍDA)

Luisa (no es su verdadero nombre) vino a hablar conmigo hace más o menos dos años. Su esposo, un empresario exitoso, la golpea cada cierto tiempo. Ella no quería confesarlo porque "él es una buena persona y me golpea solo cuando está enojado". Además, él es quien provee de trabajo a casi toda su familia. Cuando profundicé en el tema, encontré que su padre golpeaba a su madre (aún siguen juntos); sus hermanas también han sido víctimas de violencia doméstica; y su hermano, que se casó hace no mucho tiempo, ya ha golpeado en varias ocasiones a su esposa, tanto que ella perdió su primer bebé a causa de un aborto.

Aunque yo hablé con Luisa, oré por ella, le di información sobre dónde buscar ayuda y le dije que guardar silencio es lo peor que podía hacer, ella no estaba dispuesta a hablar con nadie más sobre esta situación. No quería dañar la imagen de su esposo ni de su matrimonio. La última vez que hablamos, me contó que su hijo, que ya es un adolescente, se enfrentó a su padre cuando este la agredía. Lo retó a pelear y le dijo que nunca más golpeara a su madre. Los chicos han tenido una serie de conflictos últimamente, se han visto involucrados en peleas, han tenido accidentes, y ni él, ni ella, ni los hijos están asistiendo a la iglesia. Aunque ella lo justifica, la verdad es que quien ha ganado en todo esto es el enemigo de sus almas.

Otras familias permanecen dentro de este ciclo de violencia por una interpretación equivocada de la Palabra de Dios que les ha dicho que "la mujer debe sujetarse a su marido en todo". Sin que sea la voluntad de Dios, el divorcio (dice David Hormachea, un consejero matrimonial muy reconocido) es el "privilegio" que Dios ofrece para situaciones insostenibles. Es el remedio para una situación enferma.

Por supuesto que el divorcio no está en el corazón de Dios, pero es mejor el divorcio que la violencia. Es mejor la vida, la paz, que la violencia o la muerte. Lo correcto entonces es deshacernos de las situaciones que causan la dolorosa separación y no condenar a quien ha recurrido a esta salida.

La mujer no ha sido una víctima inocente en esta guerra. Al rechazar la autoridad de Dios, reacciona de diferentes maneras. Está aquella que ha entregado al hombre (o a su marido) lo que debía entregar solo al Señor: su deseo, su voluntad, la orientación y control de su vida; y lo coloca en el lugar de Dios. Otras se envuelven en la mentira del feminismo actual, que no pretende sanar, sino que fomenta el espíritu de división, rivalidad y competencia con los hombres, intenta borrar toda diferencia entre los sexos y niega su complementariedad.

Es muy común también que las mujeres pretendan dominar a la familia por medio de la manipulación, procurando controlar a su pareja y a los hijos de diversas maneras. Pretenden controlar a su esposo porque en el fondo le temen al espíritu conquistador y guerrero que Dios puso en el hombre. Si bien son atraídas por su fuerza, luego se dan a la tarea de domesticarlos. Entonces no permiten que ellos pasen tiempo con sus amigos, no quieren que escalen una montaña o que anden en motocicleta. En realidad, le roban a su esposo el anhelo interno y lo hacen a su propia imagen. Puede ser que la manipulación surja del miedo a ser controlada.

En esta guerra de los sexos, el arma más contundente de la mujer son las palabras. El sarcasmo es un cuchillo que la esposa clava en el corazón del hombre. El desvalorizarlo y humillarlo delante de sus hijos, de sus padres o de sus amigos, es una de sus armas más dolorosas. Al explicar a los hijos detalles dolorosos en esta guerra, solo estamos hiriendo su corazón y empujándolos a enfrentar situaciones para las que no están listos. El padre y la madre deben hacer un vallado delante de sus hijos para que no los toque el dolor que el enemigo quiere plantar en sus corazones.

A pesar de ello, muchas madres, equivocadamente, incluyen a los hijos en la batalla en contra de sus esposos, con el objeto de manipularlos, y presentan al padre como un ser perverso y a ella como la víctima. Involucrar a otros, sean estos los hijos o los padres, en la guerra de los sexos es una gran equivocación. Los niños aman a ambos y no pueden, ni deben tomar partido por ninguno de los dos.

¿CÓMO SALIR DEL CICLO DE VIOLENCIA?

Es necesario tomar medidas reales que sirvan para ayudar a discernir lo que es conducta aceptable y lo que no lo es. Trabajar en descubrir experiencias dolorosas en la infancia y en la adolescencia que nunca fueron atendidas, y aprender a manejar las emociones y los sentimientos de maneras sanas, expresarlas de forma apropiada es importante. Es un tiempo en que cada uno debe crecer en su autoestima.

En primer lugar, *hay que aceptar la verdad de la situación y no justificarla de ninguna manera.* Seas tú el abusado o el abusador, es necesario reconocer lo que está pasando. Si en tu familia hay violencia, es preciso ser valiente y admitir que no podemos manejar esta situación sin romper el silencio. Si tú eres el abusador, necesitas reconocer al pecado como tal. No lo justifiques, no des razones por las cuales "tuviste que hacerlo". *El que encubre sus pecados no prosperará; mas el que los confiesa y se aparta alcanzará misericordia* (Proverbios 28:13).

La violencia es pecado, y todo pecado debe ser confesado para poder ser libres de él. Tal como un alcohólico comienza su recuperación admitiéndolo, la persona necesitas admitir que tú eres un abusador, maltratador o violento. Parte del proceso de restauración incluye confesar el pecado, admitir el daño realizado, arrepentirse, pedir perdón y cambiar de actitud. Demuestra con tus hechos lo que dices con tus palabras. Pues el arrepentimiento debe dar un fruto. Mientras no lo hagas, nada pasará, nada cambiará. Los lloros, ruegos, gritos, amenazas solo te han llevado a la situación en la que te encuentras actualmente. Confesar el pecado es el principio de la restauración.

En segundo lugar, *busca a Dios en oración.* La oración no debe ser el último recurso, sino el primero. Hombres y mujeres piden consejo en diversos lugares, pero cuando se les pregunta si han orado o ayunado por la situación, dicen que no. No asisten a reuniones de oración, ni a grupos, cursos, enseñanza para parejas. Solo quieren una varita mágica para cambiar al cónyuge, a su propia imagen y semejanza, no a la de Dios.

Sin embargo, es preciso orar con entendimiento, adaptando nuestros deseos a los deseos de Dios. El cien por ciento de oraciones sin respuesta son las oraciones que no se hacen. También dice Dios que no recibimos las peticiones que hacemos porque pedimos mal. Hay oraciones que solo son un relato de lo mala que es la otra persona y de cómo nos ha ofendido. Eso no es oración, sino queja y murmuración.

Mantén abiertas las vías de comunicación con Dios. La oración, dice el Dr. Cole,[6] produce intimidad. Se es íntimo con quien se ora, por quien se ora y con aquel a quien se ora. Aprende a bendecir a tu pareja con tu boca y tus gestos, pide perdón a Dios, pide perdón a tu familia si es que los has atropellado; confiésalo como pecado y busca ayuda para salir de este ciclo en el que el pecado te ha envuelto.

Si estás casado con un hombre o una mujer que no conoce a Dios, tu oración debe ser que él o ella tengan ese encuentro primero. Lo más importante es la salvación y la vida eterna de ellos. Dios desea que todos procedan al arrepentimiento y sean salvos. Si tu oración va en este sentido, el Señor te lo concederá, pues ese es su mayor deseo.

En tercer lugar, *busca ayuda.* Hay muchas entidades que están dispuestas a apoyar a las víctimas en caso de violencia intrafamiliar. Es obvio que, si hasta ahora no has podido salir de la violencia, del abuso o el maltrato, sola o solo no estás en capacidad de hacerlo. Tú no lo puedes cambiar a ella o a él. Si no lo has logrado hasta ahora, ¿por qué cambiará después? Romper el secreto trae luz a la situación, posibilita la ayuda y permite la sanidad de Dios.

La mayoría de las veces es necesario un tiempo de separación para poder mirar las cosas desde la perspectiva correcta. Cuando estamos envueltos en una situación, a veces no percibimos la gravedad de ella, sino hasta cuando nos alejamos. Tal vez en ese momento las cosas empeoren, pues el pasado ha dejado heridas dolorosas. Con la ayuda de Dios, hay que sanar las heridas, aprender sobre límites sanos y saber decir "no" sin violencia y sin dejarse invadir.

Otro tema habitual es ¿cómo debe ser un matrimonio en el que uno de los dos no es creyente? ¿Hasta dónde debe llegar la obediencia o la sumisión de la esposa al esposo, o las concesiones de este a su mujer inconversa? Recordemos primero que Dios es claro al decirnos en su Palabra que no debemos casarnos con una persona que no conoce al Señor. ¿Qué tienen que ver la luz con las tinieblas o Cristo con Belial? Absolutamente nada, por supuesto. Por eso es tan difícil un matrimonio en el cual los dos miran las cosas desde dos puntos de vista opuestos. El hombre natural, dice el apóstol Pablo en 1 Corintios 2:14, no puede percibir las cosas espirituales porque para él son locura.

La Palabra de Dios también nos da consejo para quien ya se encuentra en esa situación a la que llamamos "yugo desigual". La conducta del cónyuge creyente debe ser una muestra del corazón de Dios, y buscar atraer a su esposo como Dios atrae a su pueblo: con lazos de amor; pero sin renunciar a los principios bíblicos que sostienen su fe. Dios dice en Jeremías 29:13: *Me buscarán y me encontrarán cuando me busquen de todo corazón* (NVI). Dios ama, llama y espera hasta que el pueblo lo busque. Esa es una buena manera en la cual una mujer puede amar a un hombre caído. Pero jamás debe olvidar que la lealtad de un creyente debe estar primero hacia Dios, y luego hacia cualquier otra persona, aunque esta sea su esposo, esposa, padre o madre. El apóstol Pablo habla claramente sobre el matrimonio de un cristiano con una persona que no es creyente.

Pero ¿cómo se ama a una mujer o a un hombre caído? La respuesta está en la sabiduría. *La mujer sabia edifica su casa; más la necia con sus manos la derriba* (Proverbios 14:1). A los hombres, el Señor les dice: *Vosotros, maridos, igualmente, vivid con ellas sabiamente* (1 Pedro 3:7). Sabiduría es la clave para esta relación: *Así mismo, esposas, obedezcan a sus esposos, para que, al obedecerlos, si alguno de ellos no cree en la palabra pueda convencerlo el comportamiento de ustedes más que sus palabras* (1 Pedro 3:1, NBV). Este consejo también sirve para el varón cuya esposa no es creyente.

Si el cónyuge que no cree en Dios admite que vivan juntos, deben hacerlo; pero si el no creyente se separa, debe dejarlo ir. No puedes renunciar a tu fe por la presión de tu cónyuge y justificarlo con la Biblia diciendo que "debe sujetarse al esposo en todo". *Y a los demás yo digo, no el Señor: Si algún hermano tiene mujer que no sea creyente, y ella consiente en vivir con él, no la abandone. Y si una mujer tiene marido que no sea creyente, y él consiente en vivir con ella, no lo abandone [en este caso el esposo o esposa inconverso acepta a su cónyuge creyente]. Porque el marido incrédulo es santificado en la mujer, y la mujer incrédula en el marido... Pero si el incrédulo se separa, sepárese; pues no está el hermano o la hermana sujeto a servidumbre en semejante caso, sino que a paz nos llamó Dios* (1 Corintios 7:12-14, 15).

Como cristianos, hombres o mujeres, debemos recordar también las palabras de Jesús, cuando dijo que no debíamos dar perlas a los cerdos porque ellos las pisotearán (Mateo 7:6). La comparación no la hacemos nosotros, sino Jesús. Piensa en tu corazón como una perla que no debe ser entregada a quien no la puede apreciar. Si lo haces, tarde o temprano se volverá en tu contra y lo despedazará. Por eso, una persona soltera debe cuidarse, caminar con Dios y ser sabia, pidiendo a Dios discernimiento y entregando al Señor su cuerpo como sacrificio vivo. Busca alguien conforme al corazón de Dios y, mientras tanto, entrega tu cuerpo al Señor. Una mujer perversa puede destruir tu vida, y como dice Salomón, cazar la preciosa alma del varón y reducirla a bocado de pan (Proverbios 6:26).

El matrimonio no es un suceso, sino un proceso en el que dos personas se vuelven una. En ocasiones este proceso es largo y costoso. Hay que tener paciencia, confiar en Dios y en sus planes, y cuidar el corazón. Para que dos personas sean una es preciso ceder, negociar y adaptarse; deben hacer un estilo de vida en el matrimonio basados en el consejo del apóstol Pablo en Efesios 4:32: *Antes sed benignos unos con otros, misericordiosos, perdonándoos unos a otros, como Dios también os perdonó a vosotros en Cristo.*

9

HACIA UNA VERDADERA INTIMIDAD

Todos necesitamos relaciones personales que sean duraderas y significativas. Adán y Eva tuvieron que comprenderse completamente. Ellos tenían unidad de propósito y dirección, pero también tenían una verdadera comunicación. Después del pecado, esa unidad se transformó en rivalidad. A partir de ese momento, en el interior de la mujer surgió un deseo insatisfecho: el de la unidad.

Muchas mujeres utilizan el sexo como un medio para lograr unidad, solo para darse cuenta de que su necesidad no está siendo satisfecha por ese medio. La unión física no es suficiente para ellas. El mito del romance inventado en Hollywood, en el que se ve a una pareja que se encuentra un día, se va a la cama al siguiente, vive un apasionado romance que termina al poco tiempo, y está lista para comenzar de nuevo, ha engañado a toda una generación que ha aceptado la creencia de que la libertad sexual es el secreto de la realización propia. Pero ha dejado y sigue dejando a su paso una estela de dolor, soledad y desesperanza.

Ante esto, nos hemos preguntado, ¿qué tienen que decir Dios y la Iglesia sobre el tema? ¿Es la relación sexual algo de lo que se tiene que hablar? La respuesta, desde nuestro punto de vista, es afirmativa. Dios dice mucho en su Palabra sobre el sexo, y nosotros, como Iglesia, tenemos que descubrirlo, esclarecer dudas, inquietudes y preguntas, brindar una luz a las parejas que anhelan un matrimonio santo, tal como Dios nos lo pide, lejos del engaño y la falsificación que el mundo ofrece.

Hace poco tuvimos una conversación con un grupo que apoya los derechos sexuales de los jóvenes. Nuestra opinión, totalmente contraria a esa mal llamada libertad, es que el resultado de alejarse de los mandatos de Dios produce muerte. La libertad sexual trae un fruto de dolor y temor: niños abandonados en la calle, chicas que se ven obligadas a dejar sus estudios, abortos, divorcios, violaciones y otros males. Podemos ver en las noticias de la televisión reportajes sobre cómo la violencia sexual en contra de las mujeres aumenta increíblemente año a año.

Hay una presión inmensa sobre hombres y mujeres, jóvenes, adultos, y aun sobre niños, para que inicien su vida sexual lo más temprano posible, sin considerar los riesgos físicos, mentales, emocionales y espirituales que esto supone. La visión del sexo que nos dan los medios de comunicación, la cultura y las artes en general es distorsionada, pero se vende como verdad. Es una mentira que se repite una y otra vez y al paso del tiempo se ha hecho creíble. Se nos ha dicho de muchas formas que no hay una verdadera realización personal sin una práctica sexual ilimitada, y logran con ello que el deseo de la satisfacción sexual esté por encima de cualquier otro valor. Se vende el sexo como una mercadería, y los cuerpos como un producto comercial. Pero ni siquiera se menciona la cosecha de vergüenza y dolor que luego deja tal estilo de vida.

Somos seres sexuales, es cierto, tanto que, según algunos estudios sicológicos, el 95% de las personas piensa en el sexo al menos una vez por día, y las estadísticas dicen que "sexo" es la primera palabra que las personas buscan en Internet.[1] Y si la Biblia habla claramente sobre este tema, es preciso que nosotros también lo hagamos.

El propósito de Dios, cuando dos personas se casan, es que compartan todo: sus cuerpos, sus posesiones y sus percepciones; sus ideas y habilidades; sus problemas, sus éxitos, sufrimientos y fracasos. Esta es la única relación en la cual dos personas se fusionan en una sola. Los esposos ya no son dos, sino una carne, y este concepto debe manifestarse en maneras prácticas, tangibles y demostrables. Aun si él o ella han tenido hijos antes de este matrimonio, esos hijos deberán considerarse ahora como de los dos, pues ya son una sola carne. Ya no debe existir un "tú" y "yo", sino un "nosotros". Ser una sola carne implica mucho más que la unión de dos cuerpos. Expresa la entrega y el conocimiento total del uno hacia el otro, convirtiéndose ambos en un ser único, completo: un solo cuerpo, un solo espíritu y un solo ser. Obviamente, ser una sola carne significa serlo física y sexualmente, pero ¡es mucho más que eso! Es un símbolo de dos personas fusionadas en un corazón, un espíritu y un cuerpo mediante la entrega mutua. Su unión es el fruto de algo más que el compañerismo o la cooperación, es la intimidad más profunda.

Muchas personas viven solo en el mundo de los sentidos: dormir, comer y beber. Pretenden desconectar su cuerpo del ser interior y no se detienen a pensar realmente en lo más esencial: el alma. Sucede en gran cantidad de matrimonios hoy día. El sexo es el enfoque principal y a menudo ni siquiera se busca, ni se menciona la unidad de corazón. El sexo es parte del amor cuando este no es una expresión de lujuria. La lujuria hace que los hombres miren a las mujeres como objetos sexuales. La lujuria es insaciable; el amor se satisface fácilmente.

Debemos concluir que existen, por lo menos, tres diferentes niveles de experiencia y unidad que debemos alcanzar en un matrimonio para llegar a una verdadera intimidad.

PRIMER NIVEL

LA MARAVILLOSA UNIDAD DEL ESPÍRITU EN DIOS

Dice en Malaquías 2:14-15:

Mas diréis: ¿Por qué? Porque Jehová ha atestiguado entre ti y la mujer de tu juventud, contra la cual has sido desleal, siendo ella tu compañera, y la mujer de tu pacto. ¿No hizo él uno, habiendo en él abundancia de espíritu? ¿Y por qué uno? Porque buscaba una descendencia para Dios. Guardaos, pues, en vuestro espíritu, y no seáis desleales para con la mujer de vuestra juventud.

El Señor ha hecho de dos espíritus, uno, por medio del matrimonio. Esta es la unión más profunda que se puede imaginar.

Cuando una persona se entrega físicamente a otra, sucede algo grandioso y maravilloso. El clímax o la culminación de la unión física es una experiencia intensa y emocionante que ejerce un gran impacto en el espíritu. En el momento culminante, una persona se siente tan apasionada que momentáneamente pierde el sentido de su propia independencia. La experiencia del cuerpo es tan poderosa que es difícil distinguirla de la experiencia del espíritu.

Ya que el acto conyugal es una experiencia tan poderosa y dramática, es imprescindible que esté arraigada en Dios. Porque el sexo se puede convertir en un ídolo si no se reconoce como un regalo de Dios y está subordinado a Él. Si se recibe con reverencia, despierta lo más íntimo, lo más sagrado, lo más vulnerable en el corazón humano.

¿Cómo lograr la unidad del espíritu en una pareja? Por medio de la oración. Recuerda que «uno es íntimo con quien ora, por quien ora y a quien ora», decía Ed Louis Cole.[2] Nada más cierto en el matrimonio. Esposo y esposa que oran juntos, conocerán una intimidad profunda.

SEGUNDO NIVEL

LA UNIDAD DEL ALMA

Aquí se conjugan las emociones y los anhelos. Es una verdadera corriente de amor de un corazón a otro. Adán y Eva estaban desnudos y no se avergonzaban. Eran transparentes el uno con el otro, no solo en su cuerpo, sino también en su alma. Al conocer sus objetivos, sueños, preocupaciones y esperanzas, la pareja visualiza un futuro juntos. Las situaciones de la vida diaria se reflejan y comunican, de alguna manera, durante la relación. Muchos de los trastornos sexuales se deben a que, a través del acto sexual, estamos comunicando enojo, agresividad o competencia a nuestra pareja. Entonces es preciso concebir la intimidad como comunicación, unidad de mente, voluntad y emociones de dos personas.

TERCER NIVEL

LA UNIDAD FÍSICA

Es la unión de marido y mujer bajo Dios, donde el sexo cumple de manera profunda su función divinamente ordenada: es tierno, pacífico y misterioso. Lejos de ser un acto de lujuria y agresión animal, crea y expresa un lazo singular del amor profundo que se da a sí mismo.

Cuando dos personas se convierten en una sola carne mediante la unión física, mental, emocional y espiritual, le están diciendo a Dios: «Tu plan para nuestra plenitud es perfecto». Dice el teólogo alemán Friedrich von Gaghern:[3] "A menudo es solo por medio de su esposa que el esposo llega a ser un verdadero hombre; y es por medio de su esposo que la mujer alcanza su verdadera feminidad". Esta unidad es tan fuerte que una persona puede, por decirlo así, escuchar el latido de la otra.

Sin embargo, un matrimonio que se basa solo en lo físico o lo emocional está destinado a la desilusión. La tentación ofrece vida; pero el resultado real es muerte. La gente pierde cosas, paga fuertes sumas de dinero, deja la familia, solamente por la pasión sexual o "los deseos de los ojos", como la Biblia llama a la lujuria en 1 Juan 2:16. Proverbios 9:16-18 dice: *¡Vengan conmigo inexpertos! —dice a los faltos de juicio—. ¡Las aguas robadas saben a gloria! ¡El pan sabe a miel si se come a escondidas! Pero estos ignoran que allí está la muerte, que sus invitados caen al fondo de la fosa* (Proverbios 9:16-18, NVI). Fallar en controlar la conducta moral, fracasar en dominar la vida sexual en pensamiento o conducta, acarreará fracasos en todas las áreas de nuestra vida. La falsa intimidad en la que muchos han vivido durante años dará fruto negativo dentro del matrimonio, pues la intimidad física, por sí sola, no trae satisfacción, solo muerte y dolor.

Al igual que cada persona tiene expectativas diferentes sobre el modelo de matrimonio, cada cónyuge trae su propio equipaje y expectativas en lo que a materia sexual se refiere. En este caso, el equipaje son las experiencias relativas al sexo, que pueden provenir de varias fuentes, por ejemplo, del hogar en el cual fuimos criados. Si la relación de los padres es saludable, los hijos tendrán una percepción sana sobre el sexo. Pero si entre los padres hay abuso, golpes y gritos, entonces el equipaje que se trae al matrimonio es negativo.

Cuando se ha sufrido algún tipo de abuso sexual en la niñez y la juventud, el equipaje se vuelve más pesado todavía, lo que hace que remitamos al cónyuge la factura de nuestras heridas del alma, aunque él o ella no sea responsable de las experiencias sufridas.

En otros casos, se llega al matrimonio con experiencias previas; relaciones sin compromiso o promiscuas que pudieron haber generado heridas emocionales, desconfianza o resentimientos. Por tanto, es necesario reconocer cómo afectan a una persona las múltiples relaciones sexuales.

De la forma en cómo uno sale de una relación, determinará en cómo se entra a la siguiente. Si saliste herido de una relación amorosa, entrarás con esa herida a la siguiente, lo cual pone aún más lastre en las maletas con las que se llega al matrimonio. Por ello, es preciso sanar nuestras heridas emocionales con respecto a la sexualidad, antes de iniciar un matrimonio. Se requiere ser honesto y sincero con uno mismo, perdonar a quienes nos hayan herido, y pedir perdón a Dios por nuestros propios pecados en esta área.

La mayoría de las personas desconoce las implicaciones espirituales de una relación sexual y solo buscan el disfrute del sexo, esto puede ser a través de la pornografía o del uso de múltiples parejas.

> *¿No sabéis que los injustos no heredarán el reino de Dios? No erréis; ni los fornicarios, ni los idólatras, ni los adúlteros, ni los afeminados, ni los que se echan con varones [...] heredarán el reino de Dios.* (1 Corintios 6:9-10)

Si nunca has meditado en estos pasajes, no lograrás comprender la gravedad de tener relaciones sexuales con múltiples parejas. Te invitamos a analizar lo que Dios dice en su Palabra, y romper así toda atadura espiritual a la que te has expuesto debido a relaciones previas, pues si no cierras la puerta y te desprendes de toda conexión con tu pasado, el presente será afectado. Es a través de esas uniones que se contamina nuestro espíritu, para quedar a merced de la influencia de espíritus ajenos. De allí la importancia de la virginidad, tanto para hombres como para mujeres, hasta el día de su matrimonio. Por supuesto estamos hablando a nuevos matrimonios, no a los que por cualquier razón están casándose en segundas nupcias.

Es únicamente dentro del lazo singular del matrimonio que descubrimos el significado más profundo de ser una sola carne. Las relaciones más satisfactorias son las que están basadas en matrimonios fundados de acuerdo con el orden de Dios, con unidad de espíritu, corazón y alma.

> *Por tanto, dejará el hombre a su padre y a su madre, y se unirá a su mujer, y serán una sola carne.* (Génesis 2:24)

Esta unidad no debe ser un concepto abstracto o una teoría idealista, sino una realidad concreta, que provee una satisfacción única en el contexto de la intimidad.

El apóstol Pablo nos advierte en 1 Corintios 6:12-18:

> *Todas las cosas me son lícitas, mas no todas convienen; todas las cosas me son lícitas, más yo no me dejaré dominar de ninguna. Las viandas para el vientre, y el vientre para las viandas; pero tanto al uno como a las otras*

destruirá Dios. Pero el cuerpo no es para la fornicación, sino para el Señor, y el Señor para el cuerpo. Y Dios, que levantó al Señor, también a nosotros nos levantará con su poder. ¿No sabéis que vuestros cuerpos son miembros de Cristo? ¿Quitaré, pues, los miembros de Cristo y los haré miembros de una ramera? De ningún modo. ¿O no sabéis que el que se une con una ramera, es un cuerpo con ella? Porque dice: Los dos serán una sola carne. Pero el que se une al Señor, un espíritu es con él. Huid de la fornicación. Cualquier otro pecado que el hombre cometa, está fuera del cuerpo; más el que fornica, contra su propio cuerpo peca. El que se va con la ramera se convierte en el asesino de su propia vida.

Para que una pareja pueda disfrutar realmente de una relación íntima, sin culpas o preocupaciones, sino con libertad y pureza, deben cumplirse algunos requisitos:

El compromiso matrimonial es el primero de todos. Para que exista una verdadera unidad, la unión sexual debe estar enmarcada dentro del matrimonio. *Honroso sea en todos el matrimonio, y el lecho sin mancilla* (Hebreos 13:40). Sin compromiso no hay intimidad, e intimidad es más que sexo. Intimidad es comunicación, y la comunicación es intercambio, encuentro y unidad. Pensar que por el hecho de que dos cuerpos se junten hay intimidad, es una mentira. Moisés fue llamado amigo de Dios, pero debió hacer un compromiso serio con Él. Hebreos 11:25 (NVI) dice que Moisés prefirió *"ser maltratado con el pueblo de Dios a disfrutar de los efímeros placeres del pecado"*. ¡Eso es compromiso!, pues él pudo haber seguido viviendo en el palacio, pero prefirió a Dios.

La mayoría de los hombres quieren la alegría de la belleza femenina, sin tener que luchar o comprometerse con ella, sin que les cueste nada. Solo utilizan esa belleza y toman su cuerpo sin buscar la unidad de las almas, que es el deseo más intenso de una mujer. ¿Por qué no lo hacen? Muchos factores influyen, como el temor de no ser suficiente para ella, por ejemplo. Saben de manera intuitiva que nunca llenarán el vacío de Eva. Y es verdad, ellos no pueden llenar el vacío de la mujer; solo Dios lo puede hacer.

La mejor relación sexual se da dentro del matrimonio y no de otra forma. Después de estar casado por varios años, se llega a conocer a la pareja de tal manera que se sabe lo que él o ella desea.

> *Sea bendito tu manantial, y alégrate con la mujer de tu juventud. Como cierva amada y graciosa gacela. Sus caricias te satisfagan en todo tiempo.* (Proverbios 5:18-19)

Vivir juntos no es suficiente. Aunque algunos dirán que una pareja que cohabita "está casada a los ojos de Dios", eso no es cierto. No están casados a los ojos de Dios porque están viviendo en contra de los preceptos bíblicos referentes al matrimonio. No están casados a sus propios ojos porque han decidido, específicamente, no casarse. Digamos las cosas como son: una pareja que vive junta, sin casarse, está en fornicación. Y si uno de los dos está casado con otra persona, entonces está en adulterio.

A veces una pareja soltera que no ha culminado el acto sexual, pero se ha entretenido en toda clase de toques, no considera que haya pecado. Será conveniente que recordemos las palabras de Jesús: *Pero yo os digo que cualquiera que mira a una mujer para codiciarla, ya adulteró con ella en su corazón* (Mateo 5:28). El esposo y la esposa deben estar comprometidos el uno con el otro. Esto significa que cumplirán las palabras del pacto matrimonial, cuando lo sientan y cuando no lo sientan.

Fidelidad. El límite para el amor en el matrimonio es la pertenencia exclusiva.

> *Mi novia y mi amada [querida esposa] es como huerto privado, como manantial vedado a los demás. Eres como bello huerto que produce frutas preciosas, con los más exóticos perfumes... Eres fuente de jardín, pozo de agua viva; refrescante como las corrientes que manan de los montes del Líbano.* (Cantares 4:12-15, NBV)

Yo soy de mi esposa y mi esposa es mía.

La palabra intimidad tiene que ver con privado, propio, que pertenece. Se refiere a una mujer y un hombre que han tomado la decisión de cerrar su alma, mente y corazón a otras relaciones y se han entregado a una sola persona.

Un hombre o una mujer casada, que tiene relación con otra persona, comete adulterio. Tal como vimos, Jesús establece claramente al adulterio más allá de tener una relación sexual, pues si hay deseo por otra persona que no es el esposo o la esposa, ya existe infidelidad. *Mas el que comete adulterio es falto de entendimiento; corrompe su alma el que tal hace* (Proverbios 6:32).

Entrega. En un verdadero matrimonio, el sexo está gobernado no solo por el deseo o la voluntad de los dos cónyuges, sino también por el amor divino que los une. Cuando cada uno se da en una entrega plena al otro, la unión que se produce alcanza una profundidad sin igual. No será simplemente amor físico, sino también la expresión y consumación del amor total, un acto de entrega incondicional y una satisfacción profunda.

No es solo cuestión de deseos, sino también de derechos iguales, tanto para el hombre como para la mujer. Esto implica dos cosas: primero, que ambos deben preguntarse con frecuencia sobre la necesidad del otro en el área sexual; segundo, que ambos pueden estimular la relación sexual al hablar sobre sus sentimientos; qué cosas les gustan y cuáles no. La Biblia enseña que tanto el hombre como la mujer tienen derecho sobre el cuerpo del otro; y si tienen este derecho, entonces pueden solicitar, de manera positiva y en cualquier momento, el encuentro de la relación sexual.

> *La mujer ya no tiene derecho sobre su propio cuerpo, sino su esposo. Tampoco el hombre tiene derecho sobre su cuerpo, sino su esposa. No se nieguen el uno al otro, a no ser de común acuerdo, y solo por un tiempo, para dedicarse a la oración. No tarden en volver a unirse nuevamente; de lo contrario, pueden caer en tentación de Satanás, por falta de dominio propio.*
>
> (1 Corintios 7:4-5, NVI)

Esto no significa que se debe o puede forzar al cónyuge. La palabra clave es "entrega", que significa algo que uno da. Cuando un hombre pretende tomar por la fuerza a su esposa, en realidad no la está conquistado, la está invadiendo.

El esposo debe velar por los intereses de su esposa en el área sexual, comprender sus anhelos. La esposa necesita conocer a su esposo para complacerlo y darle satisfacción. La enseñanza del apóstol Pablo sobre cuál debe ser nuestra actitud también debe incluir el aspecto sexual.

> *No hagan nada por egoísmo o vanidad; más bien, con humildad consideren a los demás como superiores a ustedes mismos. Cada uno debe velar no solo por sus propios intereses, sino también por los intereses de los demás.*
>
> (Filipenses 2:3-4, NVI)

Si ambos procuran esa sensación de pertenencia y seguridad, podrán tener una vida sexual plena. El hombre entrega su fortaleza y la mujer lo invita dentro de ella misma, en una acción que implica valor, vulnerabilidad y desinterés de ambos. Si el hombre se niega a ofrecerse, su esposa quedará vacía y estéril.

Santidad. Es un gran error suponer que lo opuesto de la impureza es la ausencia de deseos sexuales. De ninguna manera la falta de deseo sexual representa pureza, pues el sexo es un don de Dios. Las personas que buscan la pureza no desprecian el sexo; más bien, comprenden su importancia, por lo que no pierden su reverencia por el misterio del sexo. Cada unión sexual entre esposos debería surgir de una actitud de reverencia a su Creador y por el misterio del sexo. Debería ser la actitud que tuvo Moisés cuando vio la zarza ardiente: *Quita tu calzado de tus pies, porque el lugar en que tú estás, tierra santa es* (Éxodo 3:5). Quienes comprendan esto, se mantendrán a una distancia respetuosa del sexo hasta que sean llamados por Dios a pisar ese terreno por medio del matrimonio.

La palabra que la versión *Reina-Valera* traduce como lecho, es la palabra *coitus*, es decir, "coito". La Biblia dice entonces: "honroso sea a todos el matrimonio y el coito sin mancilla". La palabra "mancilla" implica o se relaciona con "mancha" o "suciedad". Dios ha creado el sexo como algo santo, y la relación sexual es una forma de dar gloria a Dios. Lamentablemente, esa intimidad ha sido cambiada por sexo y nada más; sexo como falsificación del amor; sexo como dominación y lujuria; sexo como unidad de cuerpo, sin intimidad del alma y el espíritu.

Muchos jóvenes piensan que todos sus problemas sexuales o todos sus deseos se resolverán en el momento en que se casen, pero la realidad es que muchos problemas comienzan en ese mismo instante. Un certificado de matrimonio no es ninguna garantía de pureza. Cuando falta una relación verdadera con Dios, el sexo rápidamente pierde su verdadera profundidad y dignidad y se convierte en un fin en sí mismo. Aun en el matrimonio, la superficialidad en el aspecto sexual significa la ruina, porque desbarata el misterio del lazo entre un hombre y una mujer.

Es ilusorio pensar que la lucha por la pureza se acaba en cuanto una persona se casa. El matrimonio no es el remedio mágico para los pecados sexuales que los hombres o mujeres solteros cometen. Si una persona soltera tiene una adicción a la pornografía o se masturba, el casarse no hará que deje de hacerlo. El hombre esperará que su esposa se comporte como las mujeres de las películas que acostumbra a ver, poniendo en ella una carga que no podrá llevar. O ella esperará de él cosas que no está en capacidad de ofrecer.

Una vida íntegra no puede surgir de pensamientos corruptos. Es por eso tan necesario cuidar nuestra mente y corazón. Hay quienes consideran que la pornografía no es infidelidad, sin embargo, lo que induce a la pornografía es una conducta lasciva o lujuriosa. La pornografía es la máxima expresión del egoísmo; es pretender disfrutar del otro sin involucrarse. En el caso de los hombres, ellos utilizarán a la mujer para que les infunda vigor y les dé la sensación de ser hombres.

¿Cuáles son tus placeres en la intimidad? ¿Será la pornografía? ¿La autosatisfacción sexual? La Biblia dice que hay ciertas cosas que ni se deben nombrar.

> *Pero fornicación y toda inmundicia, o avaricia, ni aun se nombre entre vosotros, como conviene a santos; ni palabras deshonestas, ni necedades, ni truhanerías [...] sino antes bien acciones de gracias... Porque en otro tiempo erais tinieblas, mas ahora sois luz en el Señor; andad como hijos de luz* (Efesios 5:3-8)

¿Cómo está tu manera de hablar con respecto al pecado de fornicación de otros? Si estás haciendo comentarios o chistes deshonestos, tu corazón se ensucia.

La santidad tiene que ver con los ojos y el corazón. Hemos perdido la sensibilidad de lo que es santo y podemos observar anuncios en la televisión y en las revistas en los que el sexo es implícito o explícito, sin darnos cuenta de cómo influyen estos en la relación con Dios y con nuestra pareja.

¿Qué estás permitiendo que entre a tu corazón a través de tus ojos? Es increíble cómo los hombres están siendo atacados mediante lo que ven. El deseo de los ojos te induce. Un hombre que pretende ser verdaderamente uno con su esposa deberá asumir, como Job, la responsabilidad de sus actos con respecto al sexo, y decidirse por la pureza. *Yo había convenido con mis ojos en no mirar con lujuria a ninguna mujer* (Job 31:1, NVI). No es de extrañar que cuando un hombre pretende orar, imágenes van y viene a su mente que lo apartan de Dios y, por supuesto, que cuando busca intimidad con su esposa, la compare con la chica con bikini que salió en la última portada de la revista que compró. El engaño de la pornografía es también cada vez más frecuente en las mujeres hoy día. Cada uno es responsable de controlar su impulso sexual y vivir en santidad. Para ello, es preciso ganar la batalla de los ojos. Tus oídos y tus ojos son puertas y ventanas del alma. Jesús dijo que el ojo es la lámpara del cuerpo, y que si el ojo está en tinieblas ¿cómo estará el corazón?

Ambos necesitan comprender la importancia de la pureza sexual. Para lograrlo, será preciso, una vez más, renovar el espíritu de nuestra mente y romper los pensamientos y las fortalezas establecidos en nuestro corazón. Los miedos internos y los pecados no confesados constituyen una barrera entre los esposos.

Romance. Hombres y mujeres miramos la intimidad de diferentes maneras. Para la mayoría de los hombres, intimidad se deletrea S-E-X-U-A-L-I-D-A-D; en cambio, para una mujer, el amor se hace todo el día y de mil maneras diversas. Entonces, intimidad significa más bien "comunicación".

Hemos dicho que la mujer refleja al Dios relacional, el que anhela sentirse amado y deseado. Mientras para el hombre la relación sexual es un fin en sí mismo, que habla de sus dotes de conquistador; para ella, el sexo es un medio para conseguir el amor que necesita para satisfacer su necesidad interna de relación, amor e intimidad.

Si una mujer no se siente amada o apreciada, no tendrá deseo de su esposo. Los esposos sabios saben que, para la mujer, todo lo que ha ocurrido en el día es importante para su preparación sexual: el beso en la mañana, el piropo, el llamado telefónico donde se expresa cariño, entre gestos. Esas pequeñas cosas, tan obvias como el haberse duchado, cepillado los dientes y afeitado, hacen una diferencia notable. Un hombre violento destruye la relación, y un hombre insensible mata de hambre el corazón romántico de su esposa.

En Cantar de los Cantares vemos la descripción de una relación profundamente apasionada entre un hombre y una mujer. Se ha espiritualizado este libro al manifestar que se trata de la figura profética de Cristo con su Iglesia. Eso es verdad; pero lo que hace Dios con frecuencia es tomar la muestra de una verdad natural para enseñar una verdad espiritual. Cantar de los Cantares muestra de manera hermosa el gozo de un amor comprometido entre el esposo y la esposa.

> *¡Qué hermosa eres, amor mío, qué hermosa! Tus ojos, tras el velo, son como palomas. Sobre el rostro, tus negros cabellos son como rebaños de cabras que retozan en las laderas de Galaad. Tus dientes son tan blancos como lana de oveja recién trasquilada y lavada; son perfectos y completos. Como cinta escarlata son tus labios, y*

¡qué bellas tus palabras! Tus mejillas, tras el velo parecen dos mitades de granadas. Tu cuello es como la torre de David, engalanada con los escudos de mil héroes.

Tus pechos son dos gacelas, dos gacelas pastando entre lirios. Hasta que despunte el día y huyan las sombras, subiré yo al monte de mirra y a la colina de incienso. ¡Qué hermosa eres toda tú, amor mío! No tienes defectos. Vente conmigo, desde el Líbano, novia mía. Miraremos desde la cumbre del monte, desde la cima del monte Hermón, donde tienen su guarida los leones y merodean los leopardos. Cautivaste mi corazón, hermosa mía, novia mía; me cautivaste con una sola mirada de tus ojos, con una sola cuenta de tu collar. Cuán dulce es tu amor, amada mía, novia mía, Cuánto mejor que el vino. Más fragante es el perfume de tu amor que las más ricas especias. (Cantares 4:1-10, NBV)

Ese es el plan de Dios. Solo siguiendo sus instrucciones podemos vivir en ese nivel de intimidad y disfrute. *Tus labios, amada mía, destilan miel. Sí, miel y crema escondes bajo tu lengua, y el aroma de tus vestidos es como de los montes y cedros del Líbano* (Cantares 4:11, NBV).

En Cantares 5:3-5 escuchamos las palabras de la esposa:

Pero yo le dije: "Ya me desvestí. ¿Me visto otra vez? Ya me lavé los pies; ¿me los vuelvo a ensuciar?". Mi amado trataba de abrir el cerrojo de la puerta, y mi corazón se estremeció. Salté para abrirle; mis manos destilaban perfume y mis dedos preciosa mirra cuando empujé el cerrojo. (NBV)

Aquí vemos un romanticismo en ascenso: ropa cambiada, higiene corporal y exquisito perfume sobre el cuerpo. Es lo que la esposa acostumbraba a hacer.

La mujer anhela entregarse a quien la ama. Ella quiere ser deseada, conquistada y amada. *Yo soy de mi amado y mi amado es mío* (Cantares 6:2, NBV). Pero la unidad o la intimidad se inspiran, se incitan y no se pueden exigir ni obligar. Las parejas que son felices se dan tiempo para cultivar el amor y el romance; han aprendido a separar tiempo para la intimidad, separan tiempo para estar juntos, para conversar y encontrarse el uno con el otro y también para la actividad sexual, dándole su debida importancia. *¡Qué deliciosa eres; qué agradable amor, sumo deleite!* (Cantares 7:6, NBV). Muchas esposas han dejado de ser la belleza que incita, para convertirse en la mujer que presiona y pretende controlar.

¿Cómo debe amar una mujer a su esposo? Seduciéndolo; invitándolo a que se acerque y entre en ella, abriéndose a él y ofreciéndole su belleza, permitiendo de esta manera que surja lo mejor de un hombre. La feminidad es lo que incita la masculinidad.

Transparencia. Y estaban ambos desnudos, Adán y su mujer, y no se avergonzaban (Génesis 2:25). La forma de comunicación más profunda es el acto sexual. Es una comunicación que debe involucrar a toda la persona. El sexo, dentro del matrimonio, es un aprendizaje mutuo; es «desnudar» los sentimientos. Para que haya esa desnudez, debe haber confianza. A través de la relación sexual con el esposo descubrimos el cuerpo del otro, entramos en su secreto, algo reservado solo para los esposos. La desnudez no solo debe ser física, sino completa. La unidad de los cuerpos no debería ser sino la evidencia externa de la unidad interna entre ambos. Si no existe unidad de alma y espíritu, la unidad física no tiene razón de ser. *Y los dos serán una sola carne. Así que no son ya más dos, sino una sola carne; por tanto, lo que Dios juntó, no lo separe el hombre.* (Mateo 19:5-6). Así como el cuerpo no tiene ropa, el corazón tampoco debe tener nada que lo cubra, y la forma más hermosa de conocimiento es la relación sexual. *Conoció Adán a su mujer, Eva* (Génesis 4:1). La expresión de unidad se encuentra solo cuando se funden dos cuerpos en una unión perfecta. Aunque la pareja sea totalmente diferente el uno del otro, a través de la relación sexual se puede disfrutar de una plena comunión, de la armonía de ser complementarios.

Trascendencia. La sexualidad es el medio por el cual la pareja cumplirá el mandato de multiplicarse, pero no es su única razón de ser. El propósito de los esposos cuando se juntan sexualmente, debe ser proporcionarse placer y cariño mutuo, desfogar la tensión que ambos acumulan en sus actividades diarias y disfrutar de esa relación única y especial. Si la relación sexual sirviera únicamente para procrear, entonces Dios no habría colocado zonas de placer en el cuerpo masculino y femenino. En la historia de la creación, antes del mandato de Dios de "ser fructíferos", viene una bendición: el regalo de una compañera para el primer hombre.

Pero no perdamos de vista que los hijos son una herencia de Dios. *He aquí; herencia de Jehová son los hijos; cosa de estima el fruto del vientre* (Salmo 127:3). Los hijos son un regalo que nos ha dado el Señor para administrar y cuidar bien; algo de valor a lo que hay que dedicar tiempo y atención.

Traer hijos al mundo es un acto de responsabilidad. El plan de Dios es que los niños nazcan dentro de una familia que sea su muro de protección. Lamentablemente, las parejas en la actualidad, aun las casadas, se niegan a este mandato. Esto se da por muchas razones, sin embargo, el egoísmo suele ser la razón más común.

Regularidad y constancia. El sexo es un arma de guerra que protege a la pareja contra las asechanzas de Satanás. En la Primera Carta a los Corintios, capítulo 7, el apóstol Pablo aconseja a los matrimonios abstenerse sexualmente solo por "pocos" días y únicamente para enfocarse en la oración. La abstinencia, por tanto, siempre debe estar dentro del contexto del ayuno y la oración, como autodisciplina y no como una forma de manipular o castigar al cónyuge. El negarse el uno al otro lleva a muchas fricciones, por lo que la relación sexual no debe ser utilizada como premio o castigo dentro de un matrimonio. Las parejas que caen en esa manipulación están jugando con un aspecto fundamental del matrimonio sin medir las consecuencias, lo que puede desembocar en adulterio o la recreación en la mente de toda suerte de perversión moral, así como diversas tentaciones y conflictos. Esto es así tanto en hombres como en mujeres. Cuando se acepta voluntariamente de esta manera, la abstinencia puede unir a una pareja de manera más profunda que nunca.

La mujer rara vez entiende la importancia del sexo en la vida de su esposo. Por lo general, para ella la relación sexual no es lo más importante de la relación. Así, ella puede llegar a considerar que él es sucio o pervertido ya que piensa todo el tiempo en el sexo, pero no se ha dado cuenta de que el hombre fue creado por Dios con un impulso sexual mayor que el suyo. *¿Se derramarán tus fuentes por las calles, y tus corrientes de aguas por las plazas?* (Proverbios 5:16). Estas diferencias pueden hacer que, en muchas ocasiones, el sexo, lejos de ser una fuente de gozo, se convierta en un motivo de conflicto.

¿Cuál es la necesidad del hombre? ¿Es verdad que un hombre no puede controlar sus impulsos y necesita tener sexo como algo físico? Cada pareja deberá encontrar, de común acuerdo, un balance y un ritmo en sus relaciones, sin compararse con otras parejas, pero comprendiendo que la regularidad en las relaciones sexuales es un arma en contra de Satanás.

Comprensión y tolerancia. En el transcurso del matrimonio se darán varias etapas en la relación sexual, en la que esposo y esposa deberán reaprender cómo amarse. Esto ocurre más de una vez. Antes de que nazcan los hijos practicamos la relación de una manera, pero el embarazo y los niños marcan una diferencia que se reflejará en los hábitos sexuales. El criar niños hace necesaria una revisión de los tiempos (¡y las energías!) que tenemos el uno para el otro.

(JIMMY)

Estoy convencido de que la mayoría de los hombres hemos sido muy egoístas en el campo sexual. Si bien es cierto que Dios puso en nosotros los varones un impulso sexual muy fuerte, no es menos cierto que nos dio la capacidad de dominar ese impulso. Por lo general los hombres pensamos que la "experiencia" nos hará mejores amantes, pero no es verdad. Lo que en realidad sucede es que nuestra mente se va corrompiendo.

Creo que una de las claves para mantener una vida sexual satisfactoria a través de los años es buscar siempre agradar a nuestra esposa, de tal manera que ella esté satisfecha. Un hombre egoísta en la cama solo logrará una mujer frustrada, cuya amargura la dañará a sí misma y a los que la rodean, porque "*más bienaventurado es dar que recibir*", dice la Palabra en Hechos 20:35. Estoy convencido de que eso es verdad en todos los aspectos de la vida, y en las relaciones sexuales, también. Sé generoso en tus expresiones de amor para con tu esposa, sé observador, mira sus ojos y sus gestos, escucha sus palabras, conócela a profundidad, respeta sus deseos en el área sexual y trata de complacerla. Estoy seguro de que la respuesta de tu esposa valdrá la pena, pues hará de ustedes ¡un solo cuerpo!

El esposo debe comprender el cansancio de su esposa, y si él quiere mantener una vida sexual satisfactoria necesita aprender a compartir las cargas de la casa y la crianza de los hijos, y no presionarla aún más mediante las relaciones sexuales o la amenaza de irse con otra mujer porque "no me satisfaces".

La pareja que pasó sus años de juventud criando hijos, un día estará algún día nuevamente sola. Entonces, sus cuerpos han cambiado y sus deseos y sensaciones también; serán distintos. Sin embargo, se debe continuar disfrutando de una amorosa vida sexual, siempre adaptándola a las nuevas circunstancias.

(AÍDA)

Los hombres son muy vulnerables con relación a su masculinidad y sexualidad. Por ello, las esposas debemos tener mucho cuidado de no avergonzarlos o criticarlos en este aspecto. Aunque muchas veces ellos pretenden dar la imagen de saberlo todo, en realidad necesitan ser enseñados por una compañera confiable y amante que pueda vencer su propia timidez para guiar a su esposo en el descubrimiento de lo que es la verdadera unidad sexual.

Las finanzas, el tiempo, las comidas, la agenda, los adolescentes, el cansancio y otros temas compiten con la vida sexual. Podría ser que tu esposo no siempre actúe como el amante ideal, y cuando ese tiempo llegue, cubre sus carencias con tu amor; sal de tu propio yo femenino y trata de comprender a tu esposo.

Una relación sexual saludable hace que una pareja que se ama pueda llegar a decir como nosotros: ¡somos uno! Aunque usted no lo crea.

10

GUARDAR EL CORAZÓN

Recuerdas la primera escena de la película *Los Increíbles,* en la que ellos pensaban que su matrimonio permanecería sin hacer ningún esfuerzo? Más adelante en la película, vemos que se equivocaron. Para que todo matrimonio permanezca, es necesario esforzarse, cuidarlo y trabajarlo. El matrimonio no es un suceso, sino un proceso mediante el cual dos personas se vuelven una. Para llegar a ser uno, se necesita la entrega total e irrevocable de dos. No se puede pretender hacer de dos uno sin la decisión de ambos.

Todo matrimonio necesita cuidado para ser invencible, y el tuyo no será la excepción. *Si alguien piensa que está firme, tenga cuidado de no caer* (1 Corintios 10:12, NVI). No dejes la relación más importante de tu vida a la suerte ni al azar. Cuida la unidad de tu matrimonio a través de tus pensamientos, palabras y acciones. Es preciso adherirse el uno al otro en enfermedad y en salud, en pobreza y en riqueza, en alegrías y tristezas, en gozo y dolor, en tiempos buenos y malos, en acuerdos y desacuerdos.

El hogar debe ser una ciudad de refugio, en la cual todos sus miembros tengan espacio para crecer y desarrollar su potencial; un espacio en el cual se pueda depender totalmente del otro, fieles en las pequeñas y grandes cosas, no solamente en lo sexual, sino en guardar las espaldas de sus miembros, pues ¡somos uno! Pero para que esta relación pueda darse, necesita cuidado. Nadie dice que esto será fácil. En ocasiones, mantener la unidad es sumamente doloroso, pues implica la muerte del *yo* para que nazca el *nosotros*; y, por supuesto, a nadie le gusta morir.

Mantener la unidad significa enfrentar problemas, cambiar opiniones, buscar la ayuda de Dios y resolver las situaciones difíciles en lugar de escapar de ellas, sin considerar el divorcio como opción. Esposo y esposa deben estar comprometidos el uno al otro de por vida y encontrar otras alternativas para solucionar los conflictos.

La Biblia nos muestra que es la gente más cercana la que más heridas nos causa. Los mayores desacuerdos y ofensas provienen de personas de la misma familia, sean padres, esposos e hijos o hermanos entre sí. Un matrimonio no puede sostenerse sin perdón y tolerancia. Las ofensas son sumamente dolorosas cuando son infligidas por el hombre o la mujer que "prometió amarnos"; por los padres cuya responsabilidad incluye la aceptación; o por los hijos que no guardan gratitud.

Nadie está preparado para casarse si antes no ha practicado el perdón; y podemos estar seguros de que, en una relación tan cercana, y a largo plazo, se cometerán pecados de omisión o de acción.

> *Porque no me afrentó un enemigo, lo cual habría soportado; ni se alzó contra mí el que me aborrecía, porque me hubiera ocultado de él; sino tú, hombre, al parecer íntimo mío, mi guía, y mi familiar; que juntos comunicábamos dulcemente los secretos, y andábamos en amistad en la casa de Dios.* (Salmo 55:12-14)

¿Qué es lo que más dolor y pérdidas causa?: la división de una familia. Cuando una pareja va a casarse y está planeando el presupuesto de su matrimonio, las ofensas entre cónyuges deben estar "presupuestadas". No te quepa duda de que, en un momento de debilidad, la persona a quien más queremos nos abandonará, nos criticará, nos hará sentir avergonzados o nos dejará plantados. En Lucas 17:1 Jesús dice: *Imposible es que no vengan tropiezos.* Tarde o temprano las ofensas llegarán, por eso es mucho más valioso e inteligente aprender a manejarlas a esperar que no sucedan. Es en ese momento en que la ofensa llega cuando este versículo debe hacerse realidad en lo individual y como pareja: *Por sobre todas las cosas cuida tu corazón, porque de él mana la vida* (Proverbios 4:23, NVI). Muchas cosas pueden causar heridas menores o mayores, que incluyen humillaciones, interpretaciones negativas, comentarios abusivos, olvidar algo importante, tomar decisiones, sin tener en cuenta las necesidades del otro, relaciones extramaritales, infidelidades, adicciones y faltas de cortesía. Sin desarrollar la capacidad de ser constantemente perdonador, no podrás mantener un matrimonio ni una familia; tarde o temprano se derrumbará. Perdonar, por tanto, es un elemento indispensable para que la familia subsista.

De la misma manera en que la amargura produce amargura, el amor engendra amor. Aquel que es perdonado dará lo mejor de sí. El perdón tiene la capacidad de sacar lo mejor de los demás. La palabra perdonar es un verbo, es algo activo, ¡es algo que se debe decidir hacer! Hay un ciclo que se repite en relación con esto.

En primer lugar, está la desilusión por la insatisfacción de una expectativa; en segundo lugar, la acción u omisión se convierte en una ofensa; luego, se abre la herida; le sigue el enojo; y, por último, llega la amargura. Por eso es tan necesario y oportuno el mandato del apóstol a los Efesios:

> *Antes sed benignos unos con otros, misericordiosos, perdonándoos unos a otros, como Dios también os perdonó a vosotros en Cristo.* (Efesios 4:32)

Este versículo debe ser el lema de toda familia que quiera permanecer en pie, a pesar de la tormenta. Perdonar a nuestro cónyuge es indispensable, puesto que ¡somos uno! Por tanto, si no lo perdono, no puedo amarme a mí mismo. La justificación para no perdonar solo perpetúa el muro que nos separa de aquellas personas que amamos. Jamás podremos llegar a ser uno con nuestro cónyuge si no estamos dispuestos a disculpar.

Cuando se permite a la amargura echar raíces, ya no se trata de un asunto solamente entre el ofensor y el ofendido. Lo peligroso de la amargura, de las calumnias, de la ira, de la malicia y de todas esas cosas que Pablo nos anima a desechar, es que esas actitudes nos corroen como el ácido, corroen nuestras relaciones y llegan hasta lo profundo del alma.

> *Mirad bien, no sea que alguno deje de alcanzar la gracia de Dios; que, brotando alguna raíz de amargura, os estorbe, y por ella muchos sean contaminados.*
>
> (Hebreos 12:15)

Fíjate que dice que muchos pueden ser contaminados por la amargura. Por supuesto, nuestra relación con Dios se ve interrumpida, pues el Señor es claro al manifestar en su Palabra que Él no puede perdonarnos si es que no perdonamos. Es solo a través del poder de Dios que podemos perdonar. Por eso Jesús empezó por entregar el Espíritu Santo, antes de hablarles del perdón. El poder de Dios, esto es el Espíritu Santo, es el único que puede darnos poder para perdonar. De no ser así, a la larga muchos otros serán afectados: el cónyuge, los hijos, los padres y los amigos. La amargura es una de las cosas que más energía nos roba. Convivir con personas que tienen este veneno en su corazón puede ser muy difícil, por lo que poco a poco se van quedando solas. Llevar la cuenta de todas las cosas malas que nos han hecho hace que nos convirtamos en acusadores. Es preciso ser valiente para perdonar, porque el perdón es una fuerza positiva que nos cambia. Todos necesitamos ser perdonados y que se nos dé la oportunidad de fallar y volver a comenzar.

Es muy difícil perdonar cuando aquel que nos ha herido (desde nuestro punto de vista) ni siquiera reconoce su error. Pero no es preciso que el ofensor se arrepienta para perdonarlo. Dios no esperó a que pidiéramos perdón para enviar a su Hijo, sino que tomó la iniciativa. *Siendo aún pecadores, Cristo murió por nosotros* (Romanos 5:8). Es el acto mismo de perdonar el que lleva al ofensor al arrepentimiento. *¿O menosprecias las riquezas de su benignidad, paciencia y longanimidad, ignorando que su benignidad te guía al arrepentimiento?* (Romanos 2:4). Perdonar es una calle de dos vías: recibo el perdón de Dios y perdono a los demás. Aunque no sientas que la otra persona se merece el perdón, tienes que hacerlo en fe y decidir perdonarla. Eso significa renunciar a un derecho real de desquitarse o de cobrarle una deuda a alguien que te ha hecho daño, tal como Dios lo hace con nosotros. *Soportándoos unos a otros, y perdonándoos unos a otros si alguno tuviere queja contra otro. De la manera que Cristo os perdonó, así también hacedlo vosotros* (Colosenses 3:13). En ocasiones será necesario que nos preguntemos a nosotros mismos ¿qué es lo que prefiero? ¿Ser feliz o vengarme de mi cónyuge por las ofensas hechas? ¿Ser feliz o llevar las cuentas de cada ofensa? Si has decidido dar la batalla por tu matrimonio y quieres ser feliz, solo hay una opción.

Perdonar no significa restarle importancia a lo que sucedió, ni darle la razón a quien te lastimó. Simplemente es dejar de lado aquellos pensamientos negativos que causaron dolor o enojo. Es no cobrar la deuda a la que sí tenemos derecho.

Perdonar a nuestro cónyuge es indispensable, pues si somos una sola carne y un solo espíritu, si no lo perdono no puedo amarme a mí mismo. Tampoco puedo amar a mi cónyuge, pues sin perdón no hay honra; y la honra es uno de los elementos básicos del amor e ingrediente primordial para que una pareja pueda llegar a ser uno.

Perdonar tampoco es negar la responsabilidad del ofensor. El perdón es no cobrar una deuda que sí existe, es renunciar al derecho de castigar al otro, pero no debe reducir la responsabilidad por el daño que fue hecho.

¿Qué debemos hacer con aquellos que nos hieren continuamente? Perdonar continuamente. No existe límite en el número de veces que hemos de perdonar. *Entonces se le acercó Pedro y le dijo: Señor, ¿cuántas veces perdonaré a mi hermano que peque contra mí? ¿Hasta siete? Jesús le dijo: No te digo hasta siete, sino aun hasta setenta veces siete* (Mateo 18: 21-22). Bajo esta luz es importante distinguir algunas cosas. La primera pregunta que nos hacen sobre este tema es: ¿hay algún pecado que no se pueda perdonar en la relación conyugal? Y la respuesta es: no. No hay un pecado imperdonable en lo que a cónyuges se refiere. Si bien la Biblia deja una puerta abierta para el divorcio en caso de infidelidad, no es la primera opción del Señor. Para Dios no hay otro pecado imperdonable más que la blasfemia en contra de su Santo Espíritu. Decir "*no puedo* perdonar a mi cónyuge" es simplemente decir "*no quiero* perdonar".

También se debe diferenciar entre castigo y consecuencias. Podemos ser perdonados desde el punto de vista de nuestro cónyuge no busque cobrar la "deuda" para no herirnos, pero será necesario que hablemos y aceptemos las consecuencias de tal comportamiento.

El arrepentimiento verdadero produce un fruto. El esposo que se arrepiente de su infidelidad corta la relación con la otra mujer; eso es ya un fruto. El que golpea, no golpea más; ese ya es un fruto del arrepentimiento.

No es lo mismo perdonar, que volver a confiar o permitir que el abuso continúe. Lo que Dios nos pide es que siempre perdonemos y que, mientras esté de nuestra parte, sigamos luchando por ese matrimonio. Aunque en ocasiones el divorcio parece ser la alternativa más fácil y menos dolorosa, a la larga no siempre lo es. Si hay verdadero arrepentimiento, el perdón y la reconciliación son la manera de Dios para tratar con las ofensas y pecados.

Pero una vez que se ha decidido perdonar, es imperioso el no traer al presente una y otra vez las ofensas que ya han sido perdonadas. Se debe permitir que Dios dé una nueva perspectiva de las cosas a través de la oración, como se la dio a José cuando sus hermanos lo encontraron en Egipto: *Ustedes pensaron hacerme mal, pero Dios transformó ese mal en bien* (Génesis 50:20, NVI).

Desarrolla el hábito de enfocarte en lo bueno, y olvídate de lo malo. Mirando "*todo lo honesto, todo lo justo, todo lo puro, todo lo amable, todo lo que es de buen nombre; si hay virtud alguna, si algo digno de alabanza…*" (Filipenses 4:8). Además, el pasado, ¡es pasado! Como alguien dijo: "Ayer es un cheque cancelado, el mañana es un pagaré, pero el hoy es dinero en efectivo". Si quieres aprender a disfrutar de tu esposo o de tu esposa, enfócate en lo bueno y no en lo malo. Esto tiene que ver con la manera de percibir al cónyuge. Cultivar el cariño y la admiración es parte de trabajar por un matrimonio feliz.

Los cónyuges felizmente casados se gustan el uno al otro tanto emocional, como físicamente. Para ello se debe recordar con frecuencia las cualidades positivas de la pareja. Si bien es una responsabilidad personal guardar el corazón sin permitir que las ofensas se aniden en él, también es preciso que esposo y esposa coadyuven para mantener sano el corazón de su pareja, ya que de alguna manera se le ha entregado la llave de ese corazón.

El amor que protege va mucho más allá de ser un sentimiento romántico. Son acciones que podemos y debemos tomar para mantener la unidad.

El hombre debe cubrir el corazón de su esposa, protegiéndola de heridas innecesarias. La esposa debe comprender cuán grande es su influencia en la vida de su esposo. Es ella quien susurra a su oído por la noche y quien comparte sus días, por lo tanto, sus palabras pueden levantarlo o derribarlo. Cuida tu corazón de guerrero; cuida tu corazón de princesa Es la fuente de la que brota la vida, y si no lo cuidan, se llenará de amargura.

11

ARMAR EL ROMPECABEZAS

Escribir este libro nos ha llevado a recordar diferentes etapas de nuestro matrimonio: los difíciles inicios, la escasez económica, la soledad, las luchas por salir adelante y el gozo de la crianza de los niños. Hoy sabemos muy bien que no somos superhéroes, solo seres imperfectos que tomaron la decisión de dar la batalla. Entendemos que muchas cosas pueden salir mal para una pareja que basa su matrimonio únicamente en sus dones o su idea de un amor romántico. Es preciso darlo todo en esta carrera, invertir nuestras vidas en el mayor proyecto de nuestra vida.

Al mirar atrás, no podemos dejar de sorprendernos de las cosas que Dios ha hecho por y con nosotros. Pensamos entonces en un pasaje de uno de los Evangelios en el cual los discípulos vinieron a Jesús felices porque los demonios se les sujetaron, porque pudieron hacer milagros y vieron muchos prodigios. Entonces el Señor les dijo que no debían alegrarse de ello, sino de que sus nombres estén escritos en el libro de la vida. ¡Nuestros nombres y los de nuestra familia están escritos en el libro de la vida! ¿Qué más podemos pedir?

La buena noticia es que cuando iniciamos esa relación con Dios, por añadidura la relación con la familia es transformada de manera sobrenatural. La mayoría de las personas no tienen idea de cuánto tiene preparado Dios para los que verdaderamente lo aman y honran. Las experiencias del corazón que Dios puede dar en el contexto de un compromiso o matrimonio verdadero son mayores de lo que podemos imaginar.

El matrimonio no es la meta más alta de la vida; la relación con Dios sí. Es la salvación y la vida eterna el objetivo más alto del ser humano. Reflejar la imagen de Dios a un mundo que necesita conocerlo es el propósito más grande del ser humano y el mandato del Creador. Y la mejor manera de conocer a Dios es ver las diferentes características de un hombre y una mujer juntos.

Para ello, es necesario armar un rompecabezas y poner en orden las piezas. El caos, la confusión y el desorden no son de Dios. Todo lo que Dios hace y provee tiene un orden y una forma. Es el enemigo de Dios, el adversario, quien trae desorden en las naciones, las iglesias y los matrimonios.

En el caso de las familias, Dios instituyó la familia con un padre y una madre (hombre y mujer), a quienes les dio el mandato de tener hijos (multiplicarse). Hoy el mundo dice que hay otros modelos de familia; que puede haber dos hombres o dos mujeres criando un bebé. ¿No es eso desorden y confusión para un niño? ¡Claro que sí!

Las familias rotas y sin padre o sin madre son familias, claro está, pero hay un vacío que solo puede ser llenado por la presencia de Dios. El desorden en la familia no proviene de Dios. Lo único que hace es mostrarnos cómo hemos caído bajo la influencia de Satanás y su caos.

Para que el rompecabezas se pueda armar y dos personas sean una, es preciso ceder, negociar y adaptarse; y, por supuesto, poner en práctica los principios más básicos del matrimonio. El primero de ellos surge de su propia naturaleza: el matrimonio es un pacto celebrado entre un hombre, una mujer y Dios.

La pareja necesita trabajar en unidad, como un complemento para cumplir el mandato de Dios de multiplicarse, dominar y conquistar la tierra. Lamentablemente, el pecado del hombre (en sentido genérico) causó división y rivalidad entre el hombre y la mujer, y rompió también la relación del ser humano con Dios y estableció la injusticia en la tierra.

A diferencia de un contrato, el pacto no se puede romper. Es de esta manera que fue establecido el matrimonio en el plan de Dios. El matrimonio supuso algo permanente, en el cual dos personas se hacían una sola, que deberá reconocer y enfrentar problemas y buscar la ayuda de Dios para resolverlos en lugar de escapar.

La familia requiere compromiso a largo plazo, pues no se puede separar un solo cuerpo sin que haya fracturas en uno y otro de los miembros que se están desgarrando. *Y los dos serán una sola carne; así que no son ya más dos, sino uno. Por tanto, lo que Dios juntó, no lo separe el hombre* (Marcos 10:8-10). Dios se revela a sí mismo como un Dios que guarda pactos. Es fiel a su pacto aun cuando el hombre no lo sea. Dios ha hecho con nosotros un pacto de amor, nos ha amado con amor eterno, sin importar lo que nosotros hagamos. Así lo dice su Palabra.

> *Pero más ha dicho Jehová el Señor: ¿Haré yo contigo como tu hiciste, que menospreciaste el juramento para invalidar mi pacto? Antes yo tendré memoria de mi pacto que concerté contigo en los días de tu juventud, y estableceré contigo un pacto sempiterno.* (Ezequiel 16:59-60)

El esposo y la esposa deben estar comprometidos el uno con el otro. Esto significa que cumplirán las palabras del pacto matrimonial, cuando lo sientan y cuando no lo sientan. Comprometerse es más que aguantar hasta el final; es invertir en el matrimonio, hacer que la relación crezca, y para ello se necesitan depósitos constantes a través de pequeñas acciones, que darán como resultado que los sentimientos se mantengan. Cuando dos personas se casan, se vuelven una sola. Si luego se separan o se divorcian, se desgarran trozos de corazón y de vida, tanto de uno como del otro. No pueden separarse totalmente; siempre quedan pedazos del uno en el otro. Esa es la razón por la que un divorcio es tan doloroso.

La idea de que el amor es un sentimiento que no podemos controlar, no es real. El amor es más bien una acción que, si bien es dirigida por mis sentimientos, no está determinada por ellos.

Amar es una decisión basada en un pacto que dará como fruto actos de amor. La mayoría de las veces los sentimientos están dirigidos por los pensamientos, es decir, el cómo interpreto yo un acto de mi cónyuge, más que el acto en sí mismo. Si lo interpreto de una manera positiva, entonces mis sentimientos serán favorables. Pero cuando percibo los actos de la otra persona como desfavorables para mí, o negativos de alguna manera, mis sentimientos tomarán ese mismo rumbo. Por tanto, son mis pensamientos los que determinan mis sentimientos; pero estos no deben limitar mis acciones, pues tanto hombre como mujer, creados a imagen y semejanza de Dios, tienen una capacidad única, la de elegir. Podemos elegir cómo reaccionar ante determinado estímulo.

Nuestro matrimonio no comenzó bien. No éramos la pareja ideal y nuestra familia no cumplía con ninguno de los propósitos de Dios para el matrimonio. La necesidad de pertenencia de uno y otro no fue satisfecha por medio de nuestra unión. Al contrario, fueron los amigos y los hijos quienes ocuparon el lugar que debía ser solo del esposo y la esposa. Nunca habíamos tenido tantos problemas ni tanta aflicción como lo fue durante los primeros años de matrimonio. ¡Pero lo conseguimos! Tomar la decisión de descartar el divorcio como una opción fue como ponerse una camisa de fuerza que nos obligó a buscar otras alternativas, así cambiar el proceso completo de solución de problemas. Significa que estamos juntos, que vamos a pelear hasta el final, no importa lo que cueste.

Para ello es necesaria la ¡paciencia! Hay que tener paciencia para armar el rompecabezas, confiar en Dios y en sus planes; y, sobre todo, cuidar el corazón. Cuando esté armado ese rompecabezas veremos entonces la imagen el Señor, y eso es ya un verdadero milagro.

Aprendimos a través de los años que hombres y mujeres somos distintos, y que cada uno refleja a Dios a través de su corazón masculino y su corazón femenino. Descubrimos en la Biblia cómo hombre y mujer revelan a Dios de diferentes maneras. Reconocimos que un hombre y una mujer restaurados en Cristo no deben vivir más bajo Génesis 3, con temor, vergüenza y rivalidad, sino cumpliendo la instrucción de Génesis 2. Eso es lo que hemos tratado durante estos años. Es difícil vivir bajo estos principios; sin embargo, la opción que nos quedaba era peor. Sabíamos en ese entonces (y lo sabemos mejor ahora), que el dolor de la separación, el sentimiento de fracaso y las heridas en la familia son más duras que tomar la decisión de perdonar y seguir intentando.

Si para ti, al igual que para nosotros, la visión de tu familia es permanecer unidos, respetar las palabras del pacto y comprometerse hasta la muerte, el divorcio tampoco es una opción. Eso significa que debes buscar otras alternativas al problema que enfrentan. Hablemos de algunas de ellas.

Para poner las piezas en orden, lo primero es aceptar *el señorío de Jesús en tu vida,* no solo de palabra, sino de hechos y en verdad. Aceptar a Jesús no solo como el Salvador personal de tu vida, sino como el Señor de tu matrimonio, de tu casa y de tu familia. Eso significa que la pareja debe estar dispuesta a obedecer lo que el Señor dice, más allá de sus propios anhelos o deseos. Ese es el ingrediente principal: hoy nuestro matrimonio y nuestra familia se sostienen por la obediencia a la Palabra de Dios, aceptamos el señorío de Jesús.

Cuando comprendemos esto, no necesitamos tanta consejería ni cometemos tantos errores. Si tan solo hiciéramos lo que Dios ordena, las cosas serían diferentes.

¿Cómo hacer para no darse por vencido cuando estás cansado y herido? ¿Dónde se encuentra esa fortaleza? En la roca, que es Cristo Jesús, en la cual debe estar edificada toda familia; y en el poder del compromiso que hemos hecho a través de las palabras del pacto. La visión a largo plazo es la que nos da la fuerza para cumplirlo. Es solamente así que se pueden soportar los vientos y las tormentas.

En segundo lugar, *el matrimonio debe basarse en el respeto y la honra*. Jesús, nuestro maestro, consideró a cada persona como superior a sí mismo, y en lugar de preocuparse por lo suyo, se preocupó por lo de los demás.

¿Has pensado alguna vez que Jesús te valoró a ti más que a su vida misma? ¿Más que a su trono en el cielo? ¿Más que a su propia divinidad? Él nos tasó con un valor tan alto que pagó por nosotros un precio que nunca podríamos llegar a comprender. Y la Biblia nos llama a tener la misma actitud de Jesús. Por eso, la Biblia dice que hemos de valorar a cada persona y verla como superior.

> ***Ámense los unos a los otros con amor fraternal, respetándose y honrándose mutuamente.***
>
> (Romanos 12:10, NVI)

> *Paguen a cada uno lo que le corresponda: si deben impuestos, paguen los impuestos; si deben contribuciones, paguen las contribuciones; al que deben respeto,*

muéstrenle respeto; al que deban honor, ríndanle honor.
(Romanos 13:7, NVI)

La honra es fundamental y es la que nos da la seguridad de ser aceptados tal como somos. Sin honra no se puede alcanzar intimidad en una relación. Tan importante es este principio, que según expertos en relaciones se puede predecir un divorcio con casi el 100% de exactitud con tan solo observar si las parejas se honran mutuamente. Alguien dijo que, si el matrimonio fuera un carro, la honra sería la gasolina; pues sin esta, el auto no puede funcionar. Al igual que no todos los autos necesitan el mismo tipo de combustible para funcionar, hombres y mujeres necesitamos también dos tipos de expresión diferente de la honra. ¿Qué tipo de honra necesita cada uno? ¿Cuál es el combustible que hace andar el corazón de un hombre y cuál el de una mujer? Tal vez ella necesita gasolina súper refinada, y él, diésel o petróleo. Los varones necesitan más la admiración de sus esposas; y ellas, la ternura y el trato delicado por parte de ellos. En el plan de Dios, el padre como cabeza del hogar merece respeto; pero en el mundo de hoy, se lo ridiculiza e invalida su posición. El abandono de su posición por parte de los hombres es muy común. Si el esposo o padre no asume la posición de dirección del hogar (no es cabeza porque manda, sino porque da dirección y visión), no se completa la imagen. Entonces la familia se sume en caos, destrucción, confusión. Los hijos no saben a quién recurrir, y muy fácilmente manipulan según su conveniencia, jugando entre papá y mamá. ¿El resultado? ¡Conflicto!

La mayoría de nosotros tenemos la vista muy corta para ver lo positivo de aquellas personas que nos rodean, por lo que no apreciamos sus esfuerzos o sus virtudes. Dejamos de ver las virtudes que hicieron que un día esa persona nos gustara, y los defectos se vuelven enormes. Entonces las relaciones se dañan. En muchos casos, se llega al extremo de no ver nada positivo en el otro, porque uno se enfoca en los defectos en lugar de mirar "todo lo bueno, todo lo justo, si hay alguna virtud". Tal vez la manera más práctica de hacerlo es recordar qué fue aquello que nos impresionó la primera vez que vimos al cónyuge.

Pero, aunque tuvieras razón, y tu esposo o esposa no mereciera aprecio alguno, quiero recordarte una vez más tu promesa del pacto matrimonial, que dice: "Para honrarte en la salud y en la enfermedad, en la riqueza y en la pobreza, en los tiempos buenos y malos". La honra, entonces, no es algo que el otro deba ganar; es un regalo que tú ofreciste dar. Tiene que ver con tu propia integridad al guardar tu palabra.

No son las cosas en sí mismas las que generan respuestas positivas o negativas en nosotros, sino la forma en que las vemos. Tú decides lo que es valioso para ti y actuarás de acuerdo con tu elección. Tú puedes elegir ver a tu esposo o esposa como alguien valioso. Decide hoy que lo valorarás y honrarás, y tus emociones seguirán a tus decisiones, porque los sentimientos siempre siguen a los pensamientos. Toma la decisión de tratar a tu cónyuge como un diamante valioso, y lo cuidarás cómo nunca hubieras imaginado.

¡Es la forma en cómo se miran la que debe cambiar! Piensa en las cualidades positivas de tu pareja y entonces comenzarás a valorarla. Las creencias generan nuestros pensamientos; los pensamientos dan paso a nuestras emociones; y las emociones motivan nuestro comportamiento, esto es, las acciones que realizamos. La honra no puede quedarse en pensamientos ni ideas. La honra no es honra hasta que se traduce en palabras y acciones positivas. De lo contrario, no sirve. Un matrimonio en el que dos llegan a ser uno exige constancia, sacrificio, dedicación; la práctica del amor, más allá de las palabras.

Al desobedecer a Dios y romper su pacto con Él, no solo dejamos de percibir al Creador en todo su esplendor, sino también nuestros ojos se nublan y dejan de ver la gloria del otro. Lo que necesitamos para volver a apreciar a nuestra pareja es verla como Dios la ve. Para Él somos sumamente valiosos, ya que Él puede mirar el potencial en nuestro interior y no solo nuestros defectos y torpezas. La honra es el resultado de reconocer el inmenso valor de una persona hecha a la imagen de Dios.

Cuando Dios le trajo a Adán una Eva recién creada, en toda la gloria de su desnudez, ¿puedes imaginarte lo que él pensó? ¿Puedes imaginarte la emoción de Adán cuando miró a Eva por primera vez y tocó su suave piel? ¡Por supuesto que sí! Se parece a la misma emoción que sentiste tú cuando te enamoraste. Entonces te pareció encontrar un tesoro de inestimable valor. Adán tuvo razón de quedarse maravillado cuando conoció a Eva, y tú también cuando tuviste ese primer encuentro con quien ahora es tu cónyuge. Mantener ese asombro, esa emoción, esa sensación, es algo indispensable para florecer un matrimonio.

Como en la mayoría de las parejas, llegó un momento en nuestra relación en la que el amor se fue desgastando. Entonces, conscientes de la responsabilidad con nosotros mismos, los hijos y la sociedad, oramos al Señor y le preguntamos cómo amar cada día. Ante eso, Dios nos contestó con una sola frase: *Decide hacerlo.* Y complementó: *¿Quieres volver al inicio? ¿A mi plan perfecto? Es necesario que vuelvas al primer amor.* Luego nos mostró tres cosas concretas por medio de este versículo:

> *Pero tengo contra ti, que has dejado tu primer amor. Recuerda, por tanto, de dónde has caído, y arrepiéntete, y haz las primeras obras.* (Apocalipsis 2:4-5)

Ahora pongámoslo en el contexto. Lo primero que una pareja necesita para mantener su matrimonio es *volver al primer amor con Dios.* Jesús lo dijo de esta manera: *Más bien, busquen primeramente el reino de Dios y su justicia, y todas estas cosas les serán añadidas* (Mateo 6:33, NVI). En ese "todas las cosas" está incluido un matrimonio feliz. La relación personal y diaria con Dios es el primer ingrediente para luchar por una familia que permanezca.

La segundo es semejante. Para mantener un matrimonio a través de los años, es preciso *volver al primer amor entre los cónyuges.* Observa bien las palabras de la Biblia. Él no dice que se pierde el primer amor, sino que: "has dejado tu primer amor", es decir, se trató de una elección. El desamor de una pareja no llega de la noche a la mañana. Son pequeñas decisiones de cada día las que desgastan o encienden el amor.

Si dejar el primer amor fue una elección, amar con la misma frescura que al principio, también lo es. Entonces el Señor dice: ¡recuerda! Acuérdate de lo que hacías al principio. ¿Cuántos recuerdan el tipo de amor en el que sentían ese malestar en el estómago, esa pasión entusiasta cuando no podían quitarse los ojos de encima, siempre deseosos de acariciar al otro? ¿Lo recuerdan? Por si acaso has perdido la memoria, veremos rápidamente algunas características del primer amor.

Se tiene un gran deseo de conocer todo del otro. Esposo, acuérdate de cómo eras en tu primer amor. Querías conocer todo de ella. Van a una cena romántica y hablan, hablan y hablan. Ella ni siquiera prueba la comida porque está conversando con él. Le pregunta sobre su pasado, sobre su color favorito. Le pregunta sobre sus padres, su presente, y sobre sus planes futuros. Y él contesta, está feliz de que ella se interese tanto en sus planes. Se siente admirado y apreciado. Al conocer los objetivos del otro, sus sueños, preocupaciones y esperanzas, visualizan un futuro juntos. Al respaldar las ilusiones y ambiciones del cónyuge, la vida en pareja tiene un propósito común.

(JIMMY)

Aún recuerdo esos primeros tiempos. Apenas dejaba a Aída en la casa, volvía a llamarla para hablar por teléfono horas y horas hasta quedarnos dormidos en la línea. Pero cuando estábamos juntos, casi no hablábamos, tan solo nos besábamos. ¡Cómo no recordar los esfuerzos para estar juntos, salir sin dinero en el bolsillo a caminar bajo la lluvia, entrar en la pequeña cafetería y pedir una sola bebida ¡porque no teníamos dinero para las dos! ¡Qué hermosos momentos atesoro en mi corazón!

Pero ¿las relaciones se quedan en este punto? En algún lugar del camino, algo le pasa al amor. Después de unos años, los cónyuges no disfrutan de la mutua compañía. El esposo llega cansado a casa y lo único que le interesa es ver la televisión. Ella, sumida en sus propios problemas, no tiene interés alguno en conocer los problemas o los sueños de su esposo. Tal vez ya no cree más en ese sueño. Ha dejado de admirarlo.

Pasan los años y vemos un matrimonio común y corriente cenando juntos. El esposo está mirando su plato. Ella le reprocha por cada cosa que debía haber hecho y no hizo. En realidad, casi no hablan el uno con el otro, sino solamente comentan sobre los problemas de la vida y de cómo el otro podría haber hecho las cosas mejor para que no estén en esa situación. El romance se ha perdido y en su lugar solo queda la rutina.

Nosotros hemos luchado por no perder la magia del primer amor y lo hemos logrado. ¿Sabes por qué? En el noviazgo se invierte mucho en la relación. ¿Quiere la chica pasar tiempo juntos? No hay problema, él tiene todo el tiempo del mundo. Si ella está en exámenes, él le dice: "No te preocupes por las matemáticas, yo te enseño". Y con paciencia le enseña toda una tarde una sola operación. Si salen a cenar, él le dice: "Amor, ordena lo que quieras". Van al centro comercial juntos y él dice: "Mi amor, si quieres comprar algo, yo te lo compro". Pero ella no exige nada, ¡porque estar juntos es suficiente!

Después de un tiempo, todo lo que el otro dice o hace deja de ser importante. Se invalidan sus sentimientos y no se elogian los actos positivos. Cualquier cosa buena que hace la damos por sentada, creemos que lo merecemos, que es nuestro derecho. Y criticamos en vez de alabar.

Cuando el primer amor se ha enfriado, ya no van juntos a ninguna parte, mucho menos de compras. Si salen juntos, es como si estuvieran cumpliendo una condena. No están dispuestos a invertir el uno en el otro, ni tiempo, ni dinero, ni respeto, ni siquiera bondad. Nosotros hemos decidido seguir invirtiendo en nuestro matrimonio. Aún nos damos tiempo para estar juntos y disfrutar de las pequeñas y grandes cosas de la vida.

Valorar es sinónimo de apreciar. Tu esposo o esposa, o la persona por quien tú sientes completa admiración, es tu tesoro. Entonces la elogias constantemente, hablas bien de ella. ¡No hay nadie más inteligente o simpático! Aquel hombre es el mejor de todos; y ella, la más preciosa joya. Valoramos sus palabras y sus actos. Todo lo que dice es importante, merece nuestra atención. No hay en el corazón espacio para nada más. Esta es la persona por quien uno está dispuesto a darlo todo. Es preciso volver al lugar del cual hemos caído.

Después de recordar cómo era todo aquello, el Señor nos: *arrepiéntete*. La palabra "arrepentimiento" quiere decir que reconocemos que no estamos en donde deberíamos estar. Así que damos vuelta y nos dirigimos hacia el lugar a donde se supone que deberíamos ir, y hacemos las cosas que deberíamos hacer.

En el matrimonio hay muchas cosas de las cuales debemos arrepentirnos; reconocer que nos hemos salido del rumbo y dar la vuelta, seguir el camino recto, guiados por la palabra de Dios. Debemos poner en orden la casa, armar las fichas.

Muchos sienten que no tienen más oportunidades. Piensan que cometieron demasiados errores y decisiones equivocadas. Pero quiero decirte que siempre hay nuevas oportunidades en Dios. Jesucristo conoce los errores que cometiste, pero vino para borrarlos. Él no vino para condenarnos; vino para salvarnos. Hoy puedes dar la vuelta y empezar a caminar hacia dónde estabas al principio. Primero, recordamos; después, nos arrepentimos.

Finalmente, es preciso hacer de nuevo lo que solías hacer. La palabra clave es *hacer*. No basta con decir; no es suficiente prometer. Las intenciones no sirven; ¡es preciso actuar! No hablamos de grandes cosas, no se trata de comprar un regalo muy caro sino de edificar en las cosas pequeñas. Son las zorras pequeñas las que echan a perder el sembrado, dice la Biblia: son esas cosas chiquitas las que unen o separan. Por ejemplo, si prometiste a tu esposa llevarla al cine, y luego tus amigos te invitan a jugar fútbol, tal vez pienses: *¿Y qué tiene de malo que vaya con mis amigos?* En realidad, no tiene nada de malo, no debería ser un gran problema, a no ser por el mensaje que eso deja a tu esposa. Al no cumplir con tu cita, le dices a ella que tú tienes otras prioridades, y que ella no es lo más importante. La has desvalorizado. Quizá no pretendías hacerlo, porque para ti —hombre— no tiene nada que ver con el amor. Entonces pregúntate: ¿la hubieras dejado plantada cuando eran novios? Si no lo hubieras hecho antes, no lo hagas ahora.

¿Qué hacían cuando eran novios? ¿Salían juntos? ¿Te arreglabas y bañabas para ir a visitar a la novia o te ibas todo sucio del trabajo? Entonces haz lo mismo ahora. Si llegas sudado del trabajo, caray, ¡báñate, perfúmate y saca a tu novia (esposa) de paseo nuevamente! ¿Y cómo lo recibías tú, mujer? Seguramente con una sonrisa.

Bueno, son los pequeños acercamientos cotidianos los que hacen crecer la pasión. Trabajemos para tener una familia de excelencia que pueda ser luz y ejemplo para otras familias.

(JIMMY)

Después de los primeros años del matrimonio, perdimos esa riqueza y valoración el uno por el otro. En realidad, todo era más importante. Los amigos, la familia, el trabajo, los estudios, incluso la iglesia. Solo hasta que nos dimos cuenta de la importancia del primer amor, es que empezamos a trabajar en él. En realidad, como dijo Aída, vivíamos en un divorcio emocional.

Para volver, empezamos a recordar cómo éramos en la época de noviazgo y cómo queríamos estar juntos la mayor parte del tiempo. Si bien es cierto que no teníamos muchas responsabilidades como ahora, hacíamos muchos esfuerzos para pasar juntos. Tal vez solo salíamos a caminar por las calles en medio de la lluvia. Hablábamos mucho, nos besábamos mucho, salíamos juntos todo el tiempo que podíamos. Ahora, después de 42 años de casados, tratamos de salir juntos lo más a menudo posible. Por lo menos nos damos una noche por semana como pareja y una noche a la semana como familia. ¿Qué hacemos esa noche? Podemos comer, ir al cine o jugar juntos un juego. Es lo mismo que hacíamos cuando novios.

Y con respecto a los hijos, pensamos ¿cuáles son las cosas que como padre puedo hacer para marcar una gran diferencia con ellos? No sé si tienes hijos pequeños; si así fuera, lo que te tocará, papá, es jugar pelota con ellos en el parque o sacarlos a tomar un helado. En nuestro caso que los hijos ya están casados, aún tratamos de hacer cosas juntos. Podemos salir de paseo o de compras, ver una película o jugar lo que ellos quieren jugar. Invertimos en ellos. En realidad, son, después de Dios y de la pareja, nuestra mayor prioridad. Los hijos están por sobre los amigos, los hermanos y aun los padres, pero no solo de palabra, sino en hechos.

En la familia, las pequeñas cosas son grandes cosas. Disfruta las cosas pequeñas de la vida. Al mirar atrás, te darás cuenta de que las cosas pequeñas son las grandes cosas.

Al hacer todo esto, hemos logrado no solo hacer de los dos, uno, sino tener una familia sumamente unida. Recuerdo bien que hace unos años, Aída y yo decidimos darnos una "escapadita" solos. Fuimos a tomar un café, y entonces el teléfono sonó. Era Diego, el yerno. Llamaba para saber en dónde estábamos y si es que él y Rossana podían venir. "Por supuesto", le dije. Antes de que llegaran ellos, el celular volvió a sonar. Esta vez era Verónica. Ella y su novio querían saber qué estábamos haciendo y si podían venir. "Por supuesto", contesté. Minutos después, llegaron. El teléfono volvió a sonar. ¡Adivina quién era! Xavier, claro está. Su novia estaba en la ciudad y querían pasar tiempo con nosotros. Miré a Aída, suspiré, y pensé para mis adentros *¿cómo hacemos para escaparnos solitos?*

Ahora te pregunto (y me pregunto a mí mismo): ¿es común? ¿Es lo normal que chicos jóvenes, con sus novios y novias, quieran estar con sus padres? ¿Es lo común que una pareja de recién casados busque a los suegros? Probablemente no.

Cada vez que escucho a los hombres de mi edad, los oigo quejarse de que sus hijos no quieren estar con ellos. Oigo chistes sobre la esposa y la familia y reflexiono en nuestra familia y me sorprendo de lo que Dios ha hecho. Llegar a decir "¡Somos uno!, aunque usted no lo crea", ha sido uno de los desafíos más grandes en nuestra vida. Hoy disfrutamos de la presencia de hijos y nietos, compartimos con ellos muchas cosas; pero no descuidamos nuestro matrimonio. Seguimos enamorados el uno del otro, seguimos trabajando el uno con el otro y luchando el uno por el otro.

A través de estas páginas hemos intercalado un poquito de nuestras experiencias con un solo propósito: darte esperanza. Para Dios es posible mezclar el agua y el aceite, enderezar el árbol torcido y que el tigre sí cambie las manchas. Somos un ejemplo visible de la transformación que Dios puede hacer en un matrimonio y en una familia dispuesta a aceptar el señorío de Jesús y obedecer sus principios para el matrimonio. Lo hemos logrado. *¡Somos uno!*

Por eso nuestro consejo final es este: ¡vuelve a las sendas antiguas de Dios! Vuelve a los principios de la Palabra de Dios, que son los únicos capaces de poner orden y perfección en tu vida y matrimonio, y eliminar el caos en el que han estado viviendo.

NOTAS BIBLIOGRÁFICAS

CAPÍTULO 1

1. Consultado en línea el 10 de diciembre de 2014. www.dailyinfographic.com; www.nosdivorciamos.com.

2. Consultado en línea el 10 de diciembre de 2014.

www.ecuadorencifras.gob.ec.

3. Cole, Edwin Louis. *Hombres fuertes en tiempos difíciles*, Editorial GOZO-E, tomado del récord del Congreso de los Estados Unidos, 27 de julio de 1987, pág. 3081.

4. Cole, Edwin Louis, *Hombre de verdad*, Editorial Gozo-E 2010, pág. 137.

5. Consultado en línea el 2 de febrero de 2015. http://www.focusonthefamily.com/about_us/focus-findings/marriage/health-benefits-of-marriage.aspx.

CAPÍTULO 2

1. Cole, Edwin Louis. *Hombre de verdad*, Editorial Gozo-E 2010, pág. 90.

2. Cole, Edwin Louis. *Esposo irresistible*, Editorial Gozo-e 2013, pág. 31.

CAPÍTULO 3

1. Consultado en línea el 16 de febrero de 2015. Roger Sperry, Premio Nobel de Medicina 1981, http://www.nobelprize.org/nobel_prizes/medicine/laureates/1981/sperry-facts.html

CAPÍTULO 4

1. Cole, Edwin Louis. *Hombría al máximo*, edición 30 años de aniversario, Editorial Gozo-E 2013, pág. 11.

CAPÍTULO 5

1. Cole, Edwin & Nancy. "Mujer única", resumen publicado por Códigos de Vida (2008).
2. Cole, Edwin Louis. *Hombría al máximo*, edición 30 años de aniversario, Editorial Gozo-E (2013), pág. 109.

CAPÍTULO 8

1. Grady, J. Lee. *10 mentiras que la iglesia le dice a las mujeres*, Casa Creación (2001), pág. 22.
2. *Ibid.*
3. Consultado en línea el 25 de enero de 2015. Carvalho, Esly. "Secretos bien guardados: la violencia doméstica", www.desarrollocristiano.com;
4. Consultados en línea el 16 de febrero de 2015. http://www.arte-sana.com/espanol_statistics2.htm, http://www.observatorioviolencia.org/categorias.php?id=1.
5. Cole, Edwin Louis. *El poder del potencial*, Editorial Códigos de Vida (2007), pág. 56.
6. Cole, Edwin Louis. *Comunicación, sexo y dinero*, Editorial Códigos de Vida (2010), pág. 51.

CAPÍTULO 9

1. Consultado en línea el 2 de febrero de 2015.

https://www.psychologytoday.com/blog/the-sexual-continuum/201112/how-often-do-men-and-women-think-about-sex, http://www.researchgate.net/profile/Terri_Fisher;

2. Cole, Edwin Louis. *Hombres fuertes en tiempos difíciles*, Editorial Códigos de Vida (2009), pág. 128.
3. Von Gaghern, Friedrich. *Marriage Partnership*, Newman Press, (1966).

ACERCA DE LOS AUTORES

Jimmy Cornejo y Aída Martínez de Cornejo están casados desde hace 42 años, son padres de tres hijos y abuelos de siete nietos. Ambos son ministros ordenados de la Conferencia Evangélica de las Asambleas de Dios en el Ecuador, de la cual actualmente Jimmy es el Vicepresidente Nacional, también es el Director Nacional del Departamento de Educación Teológica DETAD. Aída dirige el Departamento Nacional de Familias. También es líder de país de La Cumbre Global de Liderazgo.

Juntos pastorean el Centro Cristiano de Cuenca, una de las iglesias más influyentes del país que tiene 11 iglesias hijas.

Son autores de varios libros, como *Somos uno, Encuentros que transforman, Cómo ganar el corazón de tus hijos, Edifica familias, bendice generaciones.*

Constantemente son invitados a dar conferencias para la edificación y defensa de la familia en diversos países del mundo. Esa lucha se ha convertido en la causa de su vida y la de su familia, por lo que han creado un movimiento llamado Edifica Familias, el mismo que tiene como meta dar herramientas a iglesias y personas para la edificación de la familia mediante diversos recursos.